분화구 스토리

이종식 수필집

문학공원 산문집 68

분화구 스토리

이종식 수필집

‖ 책을 펴내며 ‖

잠시 쉬어가는 마음으로 읽어주시길

코로나19바이러스가 우리를 힘들게 한 지 벌써 햇수로 3년째다. 코로나19, 오미크론 확진자가 60만 명을 넘기더니 요즘은 3, 40만 명을 오르내리고 있다. 과거 마야문명도 이집트문명도 전염병에 의해 멸망했다는 말이 실감난다. 집에만 있어야 하고 집에서 생활하다보니 컴퓨터나 휴대폰은 인간이 없어서는 안 되는 더욱 중요한 생활필수품이 되었다.

이 글은 우리나라가 인터넷을 처음 보급되던 시절, 즉 세이클럽이라는 인터넷에 올린 글을 기초로 하고 있다. 컴퓨터가 처음 보급돼 시작할 당시에는 인터넷 인구가 그리 많지 않았다. 그 시절은 아이들 컴퓨터 실력이 부모의 컴퓨터 실력이라는 우스갯소리가 적용되던 시절이었다. 당시 부모들은 아이들이 초등학교 고학년이 되면 컴퓨터를 사주었고, 그 자녀들의 컴퓨터 실력이 신장됨에 따라 곁눈질로 배우고 물어보는 대상이 되어 처음에는 고스톱이나 장기, 바둑 같은 것으로 시작하다가 채팅이라는 것을 알게 되고 세이클럽과 같은 문학, 예술을 발표하고 공감할 수 있는 공간이 생겨나 글을 쓰고 읽는 인구들이 폭발적으로 증가했던 것이다.

나 역시 그런 전철을 밟고 글을 쓰게 되었다. 이 책은 1995년부터 2005년까지 10여 년 동안 붐을 이루었던 세이클럽에서 활동하면서 글을 올리면 사람들이 교감해주던 댓글과 함께 펴내는 책이다. 그 시절은 휴대폰도 아닌 삐삐가 유행하던 시절이었다. 문자로 오는 전화번호를 보고 근처 공중전화에 가서 전화를 걸던 불편하던 소통의 시절에 세이클럽은 정말 많은 사람들에게 공감과 위안을 주면서 IMF구제금융이라는 힘든 시기를 보내야했던 당시 서민들의 답답했던 가슴에게 세이클럽은 소통이라는 한 줄기 청량한 바람처럼 다가왔던 시절이었다.

나는 문학을 정식적으로 배워보지도 못했고, 문학과 관련된 일을 하는 사람도 아니다. 그런데 어찌어찌해서 세이클럽의 회원들과 소통했던 것이 이처럼 책이 되어 나온다고 하니 감개무량하다. 부족하지만 잠시 쉬어가는 마음으로 읽어주시기 바란다. 당시 세이클럽에서 함께 해주신 모든 분들께 이 영광을 돌리며 꼼꼼히 책을 만들어주신 도서출판 문학공원의 김순진 교수님과 전하라 편집장님께도 감사의 인사를 드린다. 그리고 나를 믿고 함께 먼 길을 걸어온 가족들에게도 이 자리를 빌어 감사하다는 말을 전한다.

2022년 봄

이 종 식 배상

‖ 서문 ‖

소시민들에게 안겨드리는 봄꽃처럼 화사한 미소

김 순 진(문학평론가 · 고려대 평생교육원 교수)

바야흐로 봄이다. 금년 봄은 다른 해에 비해 유난히 더 마음이 설렌다. 코로나가 끝날 것 같다는 예감 때문일까? 정권이 바꾸어 새로운 대통령에 대한 기대감 때문일까? 아무튼 설렘을 안고 새 봄을 맞이한다.

우리들이 그러한 설렘 속에는 이종식 선생 같은 분들이 열심히 자기 일을 해주면서, 가정과 직장에 충실했기 때문에 얻을 수 있는 설렘이 아닌가 생각한다. 어려운 과정 속에서도 묵묵히 일해 온 사람들이 얼마나 많은가?

이종식 선생은 인터넷에서 분화구라는 닉네임을 사용한다. 그 뜻이 무엇일까? 물론 책에서 읽으면 그 뜻이 밝혀지겠지만, 그의 그런 닉네임의 근거를 미리 밝힌다면 그의 부모님이 사시던 원적지 강원도 철원군 철원읍 월정리를 근거로 한다. 한자로 쓰자면 월정리(月井里)인데, 달에 우물이 있다는 뜻이니 달의 우물은

곧 분화구란 발상이다. 정말 아름답고 기발한 생각이다. 그리고 문학적으로도 충분히 가치 있는 생각이다.

처음 이종식 선생으로부터 책을 출판하겠다는 문의가 오고, 원고뭉치를 가지고 오셨을 때 나는 반신반의했다. 과연 20년이 훨씬 넘은 세이클럽에서 활동했던 글이 얼마나 문학적이며 독자에게 다가갈 수 있을까에 대한 걱정이었다. 그런데 원고를 받아들고 타이핑하는 과정에서 나는 그런 생각이 기우였다는 것을 금방 알게 되었다.

이종식 선생의 글들은 문학적이면서 충분한 스토리를 가지고 있어 독자들을 형성할만한 가치 있는 작품들이었다. 우리네 서민들의 삶을 직접 경험하는 과정 속에서 진솔하게 표현하고 있어서 책을 읽는 사람으로 하여금 공감과 함께 잔잔한 웃음을 선사하는 글이었다.

이 책은 크게 4부로 나뉘어져 있다. 1부는 이종식 선생의 닉네임인 분화구를 주제로 한 분화구스토리, 2부는 친구를 통해 삶을 영위하고 깨달아가는 친구스토리, 3부는 그동안 써온 일기를 바탕으로한 반성과 성찰의 도란도란스토리, 4부는 군대 시절이야기를 추억담으로 풀어내는 군대스토리가 그것이다.

이처럼 경험이 많고 올곧게 살아온 이종식 선생의 인생담을 듣는다는 것은 매우 흥미롭고 신선한 경험이 될 것이다. 이 책은 하루하루를 힘겹게 살아가는 소시민들에게는 긴 겨울을 견디고 피어나는 봄꽃처럼 화사한 미소를 안겨드릴 것이다.

차례

1부 분화구 스토리

2부 친구 스토리

3부 도란도란 스토리

4부 군대 스토리

1부

분화 구 스 토 리

왜 분화구인가

내가 닉네임으로 쓰고 있는 이 분화구의 뜻을 아는 친구가 나올 만도 한데 아직 한 사람도 아는 사람이 없네요. 다행인지 불행인지 모르겠습니다. 그럼 왜 하필 분화구인가 물으실 겁니다.

이유는 그렇습니다. 우리 부모님의 원적 즉, 나의 본적은 강원도 철원군 철원읍 월정리입니다. 그곳에서 1.4후퇴 때 피란을 나왔지요. 각설하고 달 月자, 우물 井자, 월정리는 달의 우물이란 뜻입니다. 달의 우물이 뭐라고 생각하나요. 제 나름대로 생각해본 결과로는 학명으로 크레이터, 즉 분화구라는 생각이 들었습니다.

그래서 제 친구들은 나의 호를 월정(月井)이라고 하는데, 그러면 스님들의 법명 같기도 해서 친구들은 그렇게 부르기도 하지만 저는 인터넷에 분화구라는 닉네임을 택했습니다.

그리고 가끔씩 천체 망원경으로 달을 보면서 우주의 신기함을 생각하며 인간이 무엇인지, 무엇 때문에, 왜 서로 욕심 부리며 싸우는지를 생각하면, 우리 인간에게 주어진 시간이 너무도 짧다는 생각을 해봅니다. 모든 만물은 하늘 뜻대로 되거늘 왜 나부터 한 숟가락 더 가지려고 큰 목소리를 치는지요. 마지막이면 다 가는 곳은 한 군데인데, 왜 네 편 내 편 가르고 끼리끼리 몰려다니고. 왜 내 가족만, 내 식구만, 내 새끼만 챙기는지요. 논할 것 없이 나도 그렇지만, 이제 우리가 살아가야 할 날은 얼마 안 남았습니다. 서로 사랑해야 되고, 양보하고, 서로 이해해야 합니다. 다시 올 수 없는 이 낙원에서 침 받을만한 행동을 하지 말아야 합니다.

이야기가 딴 데로 샜네요. 하여간 그래서 분화구입니다. 어떤 사람은 열 내는 화구통인줄 알고 있는데, 여기서 이 표현은 잘못된 표현입니다. 그럼 왜 아이디는 say92sin1일까요? 컴퓨터를 맨 처음 배울 때 회원가입을 하는데 영어에다 숫자를 넣으라고 해서 생각한 게, 왈 귀신 1번 이렇게 생각하게 됐지요. 그랬더니 들어가데요? 그래서 say 서 귀신 1번입니다. 섬뜩해요? 그래도 재미있는 귀신이니까 즐겁게 봐주세요. 우리 몇 년 안 남았어요. 길어야 30년? 군대 제대한 지가 30년이 넘었어요. 짧지요? 우리 서로 가족사랑, 부부사랑, 친구사랑, 이웃사랑 하면서 둥글게 살아갑시다. 여러분 사랑해요.

참새가 봉황의 뜻을 알까

지난주 월요일, 내가 요즘 회사가 그렇게 돼서 쉬고 있으니까 우리 마누라와 후배 마누라 간에 전날 이야기가 있었나 보다. 내일 그 후배하고 일 같이 안 가겠냐고 했다. 그래서 놀면 뭐 하냐며 일하러 간다고 해서 월요일 일찍부터 서둘러 육중한 기계를 실은 화물차에 몸을 얹고 경북 영천까지 갔다. 급하게 가느라고 용마루 친구들한테 자리 비운다는 소리도 못하고.

무슨 일이냐고 하면 지질 조사하는 장비, 다시 말해서 땅속 몇 미터 지점에 흙이 끝이고 다음에 무슨 돌이나 바위가 나오고를 조사하는 일이다. 나는 그 옆에서 쇠 파이프를 들어주고, 올려주고, 샘플이 나오면 풀어주고 등 모든 보조 역할이다.

맨 첫날 내가 장비 이름을 아나, 명칭을 아나, 작업 순서는 어떻게 되는지, 연장은 어떻게 사용하는지 아나……. 그 일은 생전 처음이니 내가 양수기를 틀 줄 알아, 경운기를 몰 줄 알아? 그렇다고 사전에 가르쳐주는 것도 아니고……, 들판에 모기는 왜 그렇게 많은지……. 지하 40미터까지 내려가야 하는데 처음 시작부터 돌은 안 나오고, 기계는 자꾸 고장만 나고, 후배 성질은 내고, 옆에 서있는 나 때문에 그런가 눈치만 보게 된다.

산모기는 새까맣게 달려들어 하는 수 없이 그 다음 날 약국에 가서 몸에 뿌리는 약을 사서 덜 고생은 했지만 햇볕은 무섭게 내리쬐고, 땀은 많이 나고, 목은 마르고 그야말로 이 분화구 죽을 뻔 했다. 그 일을 해본 놈 같으면 준비를 단단히 했으련만 일의 순서도 약간은 저 하기 좋은 대로 뒤죽박죽. 하기야 나도 안 해봤으니 허둥지둥 저나 나나 애를 먹었지. 제 머릿속에 있는 대로 순서대로 내가 어떻게 보조를 해줘.

그야말로 참새가 봉황의 뜻을 어떻게 알까. 그 봉황은 15년은 한 사람이고, 이 참새는 하루뿐이 안 됐는데. 그놈의 봉황이 아침부터 참새 잡아먹으려고 해서 생전 처음 혼났다. 봉황이 참새에 뜻을 알아줬어야하는데, 어디 봉황들이 하는 짓이 그런가? 개구리가 올챙이 때를 모르듯이.

오나가나 텃세인지, 집에서 가까우면 너 혼자 하라고 하고 왔을 텐데 영천까지 가서 그것도 후배 혼자 내버리고 오기도 그렇고, 그 전에도 오른팔이 아팠는데 내색도 안하고 하다 보니 팔이 붓도록 한 것도 모르고 그 후배 놈 성격 때문에 혼났다.

물론 일주일 동안 컴에는 갈 생각도 못하고 들로 산으로 이곳 저곳 옮겨 다니고 시골에 컴방도 없지만 일하고 나면 술 먹고 피곤하고. 다행히 우리들이 일을 빨리 하니까 일을 시키는 사람들이 위치 선정을 늦게 하는 바람에 일찍, 일요일에 오게 됐다. 얼마나 나로서는 다행인지. 돈 벌러 갔다가 오른팔 도지고, 더위 먹을 뻔하고, 허리도 아프고. 팔자지 뭐.

지난 일주일 나는 참새 노릇을 단단히 했다. 봉황 앞에서.

가문에영광

친구님! 누가 봉황이고, 누가 참새란 말이요? 참내! 개구리 점프를 하기 위해서는 일 보 후퇴를 해야 멀리 뛰는 거요. 힘이 들어도 이 땡볕은 피하고 봅시다.

고……, 합니다

고……, 합니다. 아닌 밤중에 웬 고냐구요? 고스톱 치냐구요? 아닙니다. 그러면 어디 가냐구요? 그것도 아닙니다. 고라고 하면 그것만 있는 것이 아닙니다. 이 말은 이 분화구가 여러분에게 아뢴다는 말씀입니다. 용마루 친구들이 궁금해 할 몇 가지 소식을 알려드리고자 합니다.

뭐 특별한 이야기는 없구요. 지붕 위에 수박, 아니 추녀 밑, 그늘막 위에 심어놓은 수박 이야기입니다. 처음 농사를 지어서 그런지 메론 만큼 열었다가 꼭지가 시들어 2주 전에 따서 혹시 익었을까 하고 마누라와 옆집 아줌마와 쪼개봤더니 정말 빨갛게 익어서 맛도 들고 해서 맛있게 먹었습니다.

반쪽은 딸아이 퇴근하면 주려고 냉장고에 집어넣고 저녁에 집에 온 딸 말이 재미있다는 거지요. 저도 생전 처음 수박 농사 지어보고 조그만 게 잘 익고 맛도 좋고. 뜨거운 여름날 웃음거리가 되어서 더운 줄도 모르게 잠시나마 쉬어갔습니다.

또 한 가지 친구가 심어놓고 친구 마누라가 심으라고 준, 작년

가을에 심어놓은 감나무가 여름이 다 되도록 싹이 나올 생각을 안 해서 죽었나보다 하고 연일 손톱으로 까보아도 죽진 않았더라고요. 그래도 죽든지 살든지 내년 봄까지 기다리려고 했던 감나무 싹이 이번 장마 통에 싹이 나오기 시작하여 지금은 조금은 무성합니다. 오며가며 동네 사람들도 이상하답니다. 다른데 감나무는 감이 파랗게 주먹 만한데 이제야 싹이 나오니, 아직 감꽃은 안 피더라고요. 내년에는 꽃도 피고 감도 열겠지요?

저는 요즘 뭐 하느냐고요? 저번 다니던 진천 공장 문을 닫은 관계로 며칠 제대로 쉬지도 못하고 집에 있다가 그 더운 날 영천에 가서 일주일 일하다가 햇빛에 열 받고, 후배한테 열 받아 쓰러질 뻔 했어요.다시 친구의 소개로 조그만 철강 회사 관리직에 취직을 시켜줬는데 모든 업무를 총괄 책임지라는 겁니다. 다 좋지요. 그 전에 해본 일이고 이 나이에 그런 직종도 없고. 그런데 이 무지한 컴맹한테 엑셀이니 캐드를 하라고 하니 암만 가르쳐 준다고 해도 그게 쉽게 되는 일입니까? 가르쳐주면 금방 까먹고 연구를 한다 해도 각 부호도 모르고 순서도 모르고. 수원 근교 사강이라고 하는데 있는데 4일 나갔는데 오늘에야 엑셀 겨우 할 줄 아니. 하기야 칸 건너 띄우는 것도 올해 용마루 들어오는 바람에 로사님한테서 배웠으니. 나 요새 죽을 맛이에요.

친구가 소개해준 곳이라 이러지도 저러지도 못하고 있으니, 저번 2일째 되는 날 그만둔다고 했어야 하는데. 그날따라 친구가 휴가 가고 없어서 얘기도 못하고 완전 코 꿰였으니.

나 왜 맨날 좋은 일도 없으면서 바쁘고 복잡한지 몰라요. 컴 배워서 현장에 작업 지시서 주고. 인원 관리, 재고, 출고 관리하려는 생각하면 잠도 안 오고 밥도 안 먹혀요. 이것도 전생에 죄를 져서 그런가, 팔자인가? 아이고. 나 어떻게 해.

진실한

나 어떻게는 30년 전 대학가요제 대상 곡입니다. 재입사 축하드리구요, 이빨 갈며 살아보자구요. 그리고 회사가 매출이 올라가면 여직원 한 명 채용하고요. 9월달에 공고나 전문대에서 현장 실습생 한 명 받으면 됩니다.

깡다구, 나팔바지, 개다리춤 등 우리 학창시절 이야기입니다. 통일화 문수가 안보이도록 신나게 뛰며 살자구요. 그리고 보내준 택배 또 한 번 감사드립니다. 분화구님 파이팅, 출퇴근은 집에서 하셔!

알파

분화구 친구님! 진심으로 당신을 존경합니다. 친구 간에 존경이라는 단어를 쓰는 것이 어색해도 들어주십시오. 우리 나이에 도전이라는 과제를 충실히 수행하시는 님에게 존경을. 내가 존경할 수밖에 없는 이유를 지금부터 나열해볼까 합니다.

우선 사생활의 공개입니다. 누구나 자기의 부족함은 감추기에 급급한데 그렇지 않았구요. 친구들과 어울리시길 좋아하시며 그 바쁜 틈에 짬짬이 일기에 군생활 시리즈 힘들지요! 그리고 아직 만나보진 못했지만 유머가 넘치심을 느낍니다. 남의 뒤꼬리나 잡을 분이 아니죠.

진실한 님이 강원도에서 근무하며 수재민 위문품 얘기를 했고 누군가가 보냈다고 했는데 어려운(죄송) 요즘 상황에서 보내신 그분이었다는데 대해 심히 부끄러움을 느낍니다.

고맙습니다. 이렇게 나이 먹어감에 당신같은 친구를 알게됨을 가문의 영광으로 생각합니다. 항상 아프지 마시고 건강하십시오. 컴퓨터는 다른 친구님들도 잘하시지만 부산 사는 (사내시버그라고) 저 위에 리플 달아준 친구가 있지요? 그 친구가 컴퓨터로 벌어먹고 살지요. 용마루 태그 자료실 등을 이용해서 자문을 받으세요. 그 친구 담배를 많이 펴서 만나면 안 되구요. 아무튼 요즘 날씨가 장난이 아닙니다. 저도 현장 생활하며 땀 꽤나 흘리며 지냅니다. 이 여름이 가면 엑셀, 캐드 허, 거참 쉽네!를 연발하시길 바랍니다. 감사합니다.

앵두

초여름에 수박씨를 심어 넝쿨을 지붕 위로 올린다기에 지붕 위에 수박 맛 좀 보자고 수차례 글을 올렸는데 잘 익은 수박 가족끼리 오붓하게 드셨다니 우리 같이 먹은 것 같아 기분 좋습니다. 더 배워야 할 컴퓨터 기본 자료들은 자꾸 물어서 배우시고, 포기 없이 애쓰십시오. 파이팅!

알파

먼저 분화구님 취직 축하합니다. 잠도 안 올 지경이니 어케 한대요. 그래도 이 나이에 직장 간다는 게 얼마나 부러운 일인데요? 용기 잃지 말고 열심히 해보세요. 앵두야, 나도 지붕 위에 수박 좀 달라고 했었는데 식구들끼리 다 드셨다구요.

나, 어떻게 지내냐구요

나, 어떻게 지내냐고요? 요즘 늘그막에 거꾸로 직장 다니느라고 이만저만 고생이 아닙니다. 그놈의 컴이 왜 생겨서 이 이빨 빠진 호랑이한테 뼈까지 씹어 먹으라니 먹어야 될지 말아야 될지 고민이 말도 아닙니다.

도무지 가르쳐주면 그 자리서 잊어버리고, 그 다음날 가르쳐주면 또 잊어버리고. 이젠 한 열흘이 넘어서 업무 파악은 하고. 관리 업무는 다 챙겼는데, 생산 업무는 이놈의 컴의 활용이 얼마나 많은지 그리고 복잡한지. 하루에도 몇 번씩 반짝반짝하지요.

친구 소개이기 때문에 어쩔 수도 없고. 가르쳐주는 잘 아는 후배도 열 받는지 이젠 은근히 열 받는 소리를 해서. 이러다간 전산 업무를 배운다고 친구도 아는 후배도 멀어질까봐. 이래선 안 되겠다 시간이 가기 전에 빨리 결판을 내야지 생각에 어제는 사장님한테 그만두겠다고 했더니 너무 서두르며 배우지 말고 천천히 배우라고 하니 남의 속도 모르고. 나 요즘 미치겠어요.

뭐 의욕이 있고 재미있어야지. 오늘까지 관리 부분 상황은 다

입력시켰고 생산 부분만 하루 야근만 하면 끝 날듯 싶은데. 그리고 사표 내도 별무리가 없을 듯한데, 소가 도살장 끌려가는 것 같이 아침이면 집에서 발이 떨어지질 않으니. 그 전에 돈 벌 때 투자 좀 잘해둘 걸. 이게 무슨 고생이람. 하루에도 몇 번씩 천당과 지옥을 왔다 갔다 하니. 내 팔자가 헤매는 팔자?

근 40키로가 돼서 내 별판 도락구를 타고 다니다가 기름 값이 아까워 버스를 타고 다니는데 새벽부터 일어나야 되고 시간이 한참 걸리고 집에 와 술 한 잔하고 밥 먹고 피곤해 컴 공부도 안 되고 용마루 숙제도 겨우 하는데 컴퓨터 자판 부호도 모르는 사람한테 붙들어놓고 하라고 하니. 더군다나 도면까지 그리라고 하니 이젠 빼도 박도 못하겠으니 나 스트레스 받아 병날 것 같아요. 나 어떻게 해요. 미치겠어요.

앵두

기억이 잘 안되면 조목조목 필기를 하면서 배우세요. 열심히 하다보면 끝이 있을 겁니다. 친구님! 잘하시리라 믿어보면서 파이팅!

산 너머

찜통더위에 고생 많이도. 그래도 아침에 일어나 갈 곳이 있다는 게 어딥니까. 정도 차이지 다 그렇게 사실 걸요. 울 님아도 정년퇴직하고 1년 쉬다 같은 직종 회사 나가는데 아침에 눈 떠서 갈 곳이 있다는 것만이라도 행복하다 하더만요 올해 환갑인데. 분화구님 힘내시고 파이팅요!

시버그

많이 하셨구만유. 관리 부문 쪽은 천천히 하시고 생산 쪽은 일단 생산 계획이나 영업 계획에 의해 자재 소요량이 나옵니다. 자재 소요량에 의해 구매 계획이 나오고 자금 계획 따라서 나오죠. 그러면 그 뒤에 발생하는 세금 계산서 경리 전표 등이 발생합니다. 그러니 기본적으로 업무의 흐름을 먼저 파악하면은 자동으로 전산은 해결됩니다. 왜? 이렇게 해놓았는가를 아니 절로 풀리게 된다는 뜻입니다. 전산은 논리니까요. 도사 앞에서 요령을 흔드는 건지는 모르겠으나 업무의 흐름을 파악하면 전산은 절로 풀립니다. 커맨드나 명령어는 자동 숙달의 기능이니까요. 그럼 수고하세요.

분화구

시버그님 고맙습니다. 내일부터 캐드를 예습 좀 하려구요. 잘 되려나? 그런데 그렇게 큰 회사가 아니에요. 조그만 회사인데 처음이라 제가 헤매요.

못 박힌 날

어제 저녁에도 컴 배우다 열 받아 오늘 아주 쫑을 내려고 일을 시작했다. 끝내겠다고 하는 말이 목구멍까지 올라와 있는데 점심 시간이 지나 컴을 다시 배우기 시작했다.

오늘 저녁 집에 갈 때는 정말 해야지 하고 있는데 아는 후배 왈, 형님 오늘부터 본격적으로 하는데 여기까지 와서 그만둔다면 인간도 아니란다. 조금만 더하면 된다고 3일만 참고 견디잔다. 물론 컴만 여태껏 한 게 아니다. 세면장 수리 했지. 배달 다녔지. 물건 사러 왔다 갔다 했지. 은행 관공서, 외국 근로자 빠져서 현장에서 며칠 일했지. 잡다한 일 다 했다.

하여간 나는 며칠이 가도 마냥 그 타령이고, “남산도 못 올라가는데 어떻게 에베레스트 산을 올라가?”라며 차라리 그만 둘래 했더니 그런 이야기 이젠 하지 말란다. 아주 내 몸에 십자가, 아니 회사 간판에 못질을 했다. 빼도 박도 못하는 못질. 지금부터 죽었구나 하니 눈앞이 깜깜. 미치겠네. 어차피 하는 데까지 열심히 하기로 마음먹고 오늘 못다 한 일, 배달 다니느라고 저녁에 입력시키고 집에 오니깐 밤 12시. 못 박힌 몸은 회사 정문에 밤낮으로 있을 테고 바지 윗도리 속옷만 집에 왔다.

집에 거의 다 오는데 소낙비가 비를 피할 길이 있어야지. 그래서 어느 집 담 옆에 해바라기 잎 2장을 머리에 얹고 오는데 마누라가 어디 오냐고. 멀리 있으면 우산 가지고 마중 가노라고 그래서 나 우산 쓰고 간다고 했다. 그리고 집에 들어서 여기 우산 쓰고 왔다고 해바라기 잎 2장을 내보이니까 기다리고 있던 딸아이까지 웃는다.

열 받고 못 박혔어도 깜깜한 밤중에 비 온다고 해바라기 잎 두 장으로 머리에 쓰고 온 그러면서 웃고 온 이 분화구. 정상인지 비정상인지. 비정상이면 어때 내 팔자지 뭐.

열 받은 오리

오늘 아침 새벽 동이 트기 전 현장에서 주위를 정리하고 있는데 멀리 논 위 들녘 하늘에 오리 일곱 마리가 날고 있다. 시옷자로 날아서 기러기인줄 알았는데, 가까이 오는 걸 보니 오리다. 일곱 마리가 잘 날더니 오른쪽 두 마리가 오른쪽으로 기수를 튼다. 같이 가던 다섯 마리가 멀리 떨어지더니 다시 모인다. 그리고 조금 가더니 여섯 마리가 오른쪽으로 기수를 더 튼다.

왼쪽에 같이 가던 오리 한 마리. 같이 가기는커녕 반대 방향으로 더 틀어 어디론가 날아 가버린다. 열 받았나? 자꾸 오른쪽으로 틀어버렸다. 하기야 스님이 절이 싫으면 떠나신다는 데 나도 열 받아서 한 달 보름 만에 손 털었는데. 그 오리 왜 열 받았을까? 하루 종일 잘 먹고 잘 놀았을까? 오늘 저녁엔 혼자 어떻게 지낼까. 오늘 새벽부터 하늘보고 웃었다.

앵두

보고 느낀 열 받은 오리. 좋아, 좋아. 지금쯤 아마도 합류해서 깊은 꿈 꾸고 있을테지요. 내가 전화했걸랑요.

그날 저녁

그날 저녁 해질 무렵 6시경 출근했다. 6시 30분쯤 되니까 희한한 일도 다 있다. 아침에 보았던 것 같은 오리 여섯 마리가 공교롭게도 내 머리 위를 나는 것이 아닌가. 한참 또 하늘을 보고 웃었다.

20분쯤 지나니까 반대 방향에서 한 마리마저 나는 게 아닌가. 참… 나… 원. 도합 같은 오리는 아닐지라도 일곱 마리기 맞긴 맞다. 내 50평생 살면서 이상한 일도 다 봤네. 어떻게 그 시간에 아침과 같은 비슷한 일이. 한 마리는 반대편에서 하루 종일 혼자 잘 먹고 잘 놀았나?

초저녁 오리 일곱 마리가 나를 웃겼고 오늘도 아침저녁 웃었으니 건강에는 좋았겠지?

분화구가 세상에 나온 날

오늘 음력 8월 20일 새벽에 우리 엄마가 날 낳으셨단다. 이북 철원에서 해방되고 5년 동안 김일성 정권에 시달리다 전쟁이 나자 이남은 안 그렇다는 소식에 아버지와 큰집만 내려오고 작은집은 그곳에 머물렀단다. 결국 작은집은 이북에 남아있고…….

피난을 나와 기차를 태워주는 대로 무작정 간 곳이 목포란다. 거기서 또 배를 태우더란다. 가는 곳이 어딘지도 모르게, 망망대해를 한참 가서 닿은 곳이 신안군 임자면 임자도 섬이란다. 위에 누나 셋, 살아갈 것이 얼마나 걱정이었을까.

갔더니 어느 움막집 헛간 같은 곳에 짐을 내려놓고 생활했는데 그곳 주민들 피난민 왔다고 이 집 저 집에서 먹을 것을 갖다주고, 바다일도 같이 하고. 더군다나 면장님 댁에서 많은 배려를 해주셔서 그렇게 연명했단다. 바로 위에 누나는 몇 살 안 돼 그곳에서 죽고…….

지금은 안 그렇지만 옛날에는 아들 하나 보려고 하나를 더 낳으려고 한 것이 나란다. 할아버지 제삿날 내가 생겨 할아버지가 주셨다고 늘 하셨다. 그런데 그때는 먹을 게 없어 엄마 젖이 말라서 보리 미음으로 내가 겨우 목숨만 건져, 살가죽이 늘어난 정도로 죽지 않을 만큼 살았단다. 내가 들은 기억으로 돌때 배밀이? 하여간 그 정도였단다. 휴전이 되고 다시 고향을 가려고 하는데 휴전선 이북으로는 들어갈 수가 없고 소문에 수원에서 피난 온 사람들과 친척들이 있다는 소문을 듣고 수원서 정착한 것이 53년 한 집에서만.

임자도에서 나올 때 그곳 주민들 아쉬워하며 내가 나가서 잘 살려나 걱정을 하셨단다. 내가 그랬는지 잘 모르지만. 내 동생이 나와 4살 차이인데 내 동생 낳던 날을 기억한다. 그때는 병원도 없었지만 그날 이후로 그렇게 병원에 간 기억이 없고 용케도 튼튼하게 잘 컸다. 그래서 군대 가서도 완전 군장 선착순 1등까지도 하고. 그때 보리 미음이 그렇게 힘이 되는 보약이었나?

나를 있게 해준 임자면에 간다고 벼른 지도 오래됐건만 한 번 갈 기회가 잘 안 된다. 가서 그곳 계신 분들 막걸리 대접이라도 해야 할 텐데.

아들을 바라셨던 부모님에게 아들 노릇도 못하고 효도도 못 드리고 속을 별로 썩이지 않았지만 분명한 것은 불효자다. 우리 아버지 40살에 늦게 생겨가지고 부모님 뼈 빠지게 고생시키고 내 생각만 하고 때려죽일 놈. 있어서는 안 될 놈이 이 세상에 나

온 날이다.

나혼자

불효자로 느끼는 그 자체로도 불효자가 아니네요. 진짜 불효자란 자기가 효자라고 생각하는 사람이 아닐까요. 자식이 아무리 잘한들 부모님의 십분의 일도 못한대요. 그러나 열심히 효를 다합시다.

분화구의 한자풀이

며칠 전 로사님이 올린 한자풀이를 재미있게 보았다. 학교에서 진즉에 그렇게 가르쳤다면 천자문 달달 외웠을 텐데 하는 생각이 들었다.

30여 년 전인가? 일요일 저녁 동아방송에는 여러 저명인사들을 모시고 공개방송으로 진행하는 '재치문답'이라는 퀴즈프로가 있었다. 양주동 박사님은 항상 단골 손님이셨는데 얼마나 한문풀이를 재미있게 하시는지 가끔 기억이 난다. 박사님이 지금도 계셨더라면 박장대소했을 일이다.

나는 마누라와 상극이다. 사면 팔라고 하고, 팔면 사라고 하고, 고등어 사오라면 꽁치 사오고, 이리 가려면 저리 가라고 하니 말이다.

몇 년 전인가 그렇게 생각돼서 나와 마누라의 한자풀이를 해봤더니 정말 상극이네. 마누라는 최(崔)가 나는 이(李)가. 마누라는 산(山) 주인(主人) 나는 나무꾼(木) 아들(子). 이렇게 걸렸으니 맨날 만나기만 하면 산 주인이 가만 놔둘 리가.

이 내용은 우리 마누라도 안다. 내가 한문 풀이를 해줬으니. 많고 많은 사람 중에 왜 하필 산 주인하고 만났을까. 그냥 나무꾼 딸하고 살걸. 전생에 산 주인 마누라가 나 잡으려고 작정을 했었나? 이렇게 평생을 살아야 하니 어떻게 해. 할 수 없지. 그래도 맞지 않고 사니 다행이지.

잔인한 겨울

요 며칠 갑자기 추웠다. 우리 집 담 옆에 아름답게 핀 노오란 국화와, 그리고 자주색인 국화가 보기 좋더니 갑자기 심술부린 겨울바람에 고개를 푹 숙이고 말았다. 안쓰러울 정도로 내가 마누라한테 야단 맞고 고개 숙인 것처럼. 그래도 지붕이 있어 서리도 안 맞고 오래갈 줄 알았는데 이렇게 금방 갈 줄이야.

집 옆은 많은 사람들이 다니는 길목이다. 특히 할머니들은 꽃을 얼마나 좋아하시는지 어루만지시면서 손으로 향기를 맡으시며 사춘기 소녀같이 좋아하신다.

갑자기 심술을 부리더니 오늘부터 날씨가 좋아졌다. 며칠만 참지. 그걸 못 참아서 심술을 부려? 그렇게 하고나면 더 나은가? 암만 생각해도 괘씸하다 겨울. 이렇게 잔인한 겨울은 시작되나 보다.

조우

분화구 친구! 아무리 마누라한테 혼나기로서니 얼어 늘어져버린 국화 줄기에 비교하나? 좀 심하다 야. 분화구가 심한건지, 마눌이 심한건지. 군대 얘기 하는 걸 보면 분화구가 심한 것 같아.

내 가방

지금 내 가방에는 무엇이 있을까. 가방을 열면 냄비와 비슷한 거 하나, 라면, 소주, 마누라가 싸준 감과 초콜릿, 과일 깎아 먹을 수 있는 칼, 숟가락, 젓가락, 저번엔 부탄가스 통도 있었는데. 분명 소위 말해서 노숙자 가방이다. 내가 아끼는 차에는 전기담요가 있고. 이러니 노숙자가 아니고서야. 노숙자란 길에서 자는 자? 길은 길인데 길 위에 컨테이너에서 잔다. 그런데 이 노숙자는 월급을 받는다. 그거 하나만 다르지. 노숙자는 노숙자다. 우리 마누라한테 가끔 웃기는 얘기로 이 노숙자 바라긴 뭘 바래. 집에 오면 호강이지 했더니 그런 소리 하려면 나가지 말란다. 저도 노숙자 마누라는 싫은가보다.

장사꾼 마지막 장사하는 게 멸치 됫박 장사라고 했고. 남자들 마지막 직업이 택시 기사고, 경비라고 했는데. 여기서 위의 직업을 열의와 자부심을 갖고 일하시는 분께는 죄송한 말씀을 드린다. 멸치 되로 파는 장사와 택시 기사와 경비 이야기는 20년 선배님이 한 이야기를 어릴 적에 들은 이야기입니다. 오해 없으시길……. 안 해본 것이 없으니. 하기야 이것도 임시다. 1월이면 당진 직장으로 가련지, 아니면 여기 몇 달 있을는지. 어쩌다 여기까지 왔는지. 순전히 뒷장이 안 붙어서, 뒷장이 내 맘대로 되면 다 대통령 되게? 그래도 백수가 아니니 다행이지 뭐.

리샤

우리 나이에 하는 일이 있다는 게 얼마나 다행스런 일입니까. 택시 기사면 어떻고 경비면 어때요. 부럽습니다.

가문에영광

제일 중요한 건 이런저런 사생활을 감추지 않고 여러 사람이 공유할 수 있게 글로 남겨놓을 수 있는 분화구 친구에게는 언제나 끈끈한 정이 있답니다. 항상 웃으시고 가정적이고 감사합니다.

개소리

이곳 내가 밤새 근무하는 곳, 솔직히 한잠 자긴 하지만 벌써 시끄러운 소리가 난지 여러 날 됐다. 멀리 개 사육장 두 곳에서는 밤새 개소리가 끊이지 않는다. 한 칸에 몇 마리씩 가둬놨는지 개가 개를 잡는 소리가 여기저기서 밤새껏 난다.

오늘 이 시간도 가만히 있다가도 금방 물어 죽이려고 하듯. 한 놈은 금방 뒤지게 물렸는지 죽는다고 아우성치고, 한 놈은 죽이겠다고 아우성치고. 어느 놈들은 누가 왔는지 허공에다 조건 없이 짖고. 그래도 살겠다고. 한마디로 개 감옥소다. 개장도 몇 십 군데, 개도 몇 백 마리다. 나도 개 기르지만 여기 온 개들은 불쌍하다. 개들도 개 팔자인가? 팔자도 여러 가지. 여름에 응달에서 길게 늘어지게 누워 잠자는 개들은 정말 '개 팔자네'라고 하는데 여기는 아니다. 개들의 지옥 따로 없다.

이건 개나 사람이나 마찬가지일 거다. 아마 사람도 그렇게 가둬놓으면 개보다 더하면 더했지 덜하지는 않을 거다. 묶어놓지도 않은 인간들은 서로 더 배불리 처먹으려고 시기하고 질투하고 뺏고 사기치고 있는 놈들이 있다.

정치하는 선비 놈들이 공부 잘하고 좋은 학교 나왔다는 놈들이 더 한 점의 고깃덩어리라도 찢어먹으려고 지랄들이니. 이래서 인간을 개만도 못하다고 했나? 천사 같은 사람도 많은데. 괜히 이 새벽에 개소리에 열 받아서 흘러가다 나도 개소리 했나? 밤이 깊을 대로 깊은 지금도 뭘 잘못해서 물렸는지 나 살려달라는 어린 개소리가 들린다.

이장

어느 기업 총수가 이런 얘기 했잖아요. 대한민국의 경제 지수는 세계 일류이고 정치 지수는 삼류 국가라고요. 어제 신문에서 세계 부정부패 지수를 보니까 저 아프가니스탄보다도 더 부패 지수가 높더라고요. 한심하지요.

내 마음은 이중성

얼마 전 내가 올린 글 중에 잔인한 겨울을 이야기 한 적이 있다. 늦가을 예쁘디예쁜 국화꽃을 갑자기 차갑게 몰아친 겨울이 짓밟아놓은 것 같다.

저번에는 삽 들고 산에 올라가 칡뿌리를 캔 적이 있다. 그 후 돼지감자도 캐고, 칡뿌리나 돼지감자, 일명 뚱딴지는 요즘 땅이 깊게 안 얼었을 때 캐는 것이 제격이다. 그리고 어젯밤부터 오늘 아침까지 눈이 내려온 세상을 하얗게 덮어놓았다. 기상청 말로는 수원에 19cm가 내렸단다. 얼마나 아름답던지 사진 몇 장을 찍어 놓았다.

칡과 돼지감자를 캐고 하얀 세상을 보게 하는 건 겨울이 아니면 안 되는 것을. 이것 말고도 겨울을 예찬할 것이 많은데 그 사이를 참지 못해 국화꽃 사건 하나 가지고 겨울을 심술쟁이로 표현한 나. 내 마음은 아마도 이중성인가 보다.

핑퐁

분화구님 겨울에 삽 들고 칡뿌리 캐러 산에 다니는 기분이 시골서 클 때 가끔 뒷산에 칡넝쿨 걷어내고 깊이 박힌 칡 캤다고 친구 여러 명이 매달려 몰려다니던 모습이 그려지네요.

나의 손익계산서

분화구의 올해 손익계산서. 거창하다 손익계산서라니. 그래도 세월이 가는 마당에서 한 번 따져보고 싶다. 숫자는 없는 손익계산서. 순서야 바뀌었지만 우선 이익 항목부터 볼까?

이익 항목

1. 웃음: 말을 겨우 배우는 손녀(조카의 딸)의 재롱에 올해 한 해 가끔 울적하다가도 그 애만 생각난다. 가끔 가보기도 하고 지금도 보고 싶다.
2. 웃음: 컴을 겨우 배워 어렵사리 우연하게 용마루에 들러 입당하게 되고 여러 친구들을 만나 재미있게 대화도 나누고 만나보기도 하고 컴에 들어갈 때마다 재미있다. 얼마나 웃었던지. ㅎㅎ 시간이 널널해서 그랬지 내년부터는 어림 반 푼어치도 없을 것 같다.
3. 경험: 올해 내 생에 무지하게 경험했다. 더위에 쓰러질 위기까지 가면서 땅 파는 지질검사를 다니고, 3D업종 방

글라데시가 하던 일 맛보고 컴퓨터 캐드를 배우면서 모진 고초 다 받고 허허벌판 컨테이너 속에서 경비를 보면서 새우잠을 자고. 새해부터는 하고 싶어도 못하니 행운인지 불행인지. 나도 모르겠다.

4. 인터넷: 올해 인터넷 마우스만 가지고 클릭만 할 줄 알았는데 띄어쓰기도 할 줄 알았고, 음악도 들을 줄 알았고, 채팅도, 엑셀도, 캐드도 조금씩은 배웠는데 아직도 멀었다. 그래도 많은 수확이다.
5. 용마루 친구: 인터넷 배우는 바람에 용마루 친구들 한꺼번에 256명을 얻었다. 전국에 있는 용띠 남자친구, 여자친구 1년에 이렇게 많이 구하기는 아는 사람만 알 걸?
6. 만년 직장: 그래도 다행인 것은 이 분화구를 하나님이 어여삐 여기셨는지 노숙자 같은 경비가 끝날 무렵에 직장 하나를 구하여 보내주셨다. 만년 직장이 되려나. 잘해야 할 텐데 큰 걱정이다.

다음은 손실 항목이다.

1. 세월: 웃고, 즐기고, 경험하고 하다보니깐 세월이 나도 모르게 갔다. 하기야 좋은 일만 있었을라고. 마누라한테 허구헌날 야단 먹었지. 딸아이한테서 스트레스 받았지. 아

들놈 휴가 올 때마다 선후배 만난다고 술 먹고 아침에 들어와 열 받았지. 조카 건강이 나빠 우울했지 등. 사색에 잠기다 보니 세월이 어느새 낙엽도 없이 지나갔네?

2. 건강: 건강이야 이 나이에 나도 대통령 말마따나 꿀릴 게 없었는데 이젠 나도 운동을 안 해서 그런지 목욕탕에 가보면 옛날 아버지 생각나는 게 팔뚝에 알통도 사그라지고, 가슴에 가빠(근육)도 늘어지고, 히프에 살도 좀 그렇고. 아, 옛날이여 그립구나.

3. 친구: 그 친구, 한 친구가 있다. 내 마음 같은 줄 알았는데, 도저히 좋게 생각해도 할 수가 없는 친구 하나를 잃었다. 내용이 길어서 그럴 줄 몰랐지. 그러게 돈과 관계되는 거래 말았어야 하는데 그러나 마지막 날로 잊기로 했다.

4. 웃음: 웃음이야 얻는 것만 있을까. 잃기도 했다. 조카의 건강 대문에 걱정하는 큰 누님의 모습을 보면 항상 그렇고 내가 아는 사람이 갑자기 이 세상을 떠났을 때. 내년에는 이런 일이 없어야 할텐데(우리 친구들 모두 이런 일이 없기를 간절히 빕니다.). 캐드 배우면서 열 받았을 때는 웃음 아니야 뚜껑이 열릴 정도로.

그래서 당기 순이익은 이것저것 다 제하고도 용마루 친구들

사귀어 매일 저녁 어떤 내용이 새로이 올랐나. 생각의 표현들은 어떠한가. 수다 떨고, 글 올리고, 음악 듣고. 그래도 내가 시간이 좀 있어서 그렇지. 솔직히 시간이 없으면 글 올린 거 읽기도 힘들다. 카페가 이곳 한 군데도 아닐 테고, 여러 친구들이 읽어주는 것만 해도 고맙다. 아무튼 전국 각지에서 생업에 열중하면서 가끔이라도 들러주는 친구들 고맙고. 내년에는 사업이나 가정에나 번창하기를. 또한 여러분의 2007년의 손익 계산서에는 손에 쥔 좋은 웃음만 있는 항목만 있기를…….

- 2006년 12월 30일 결산 끝 분화구.

시버그

손익계산서라? 손익은 이익이 나면 세금 내고 손해나면 세금 감면하고 그리고 손익 계산에 우찌? 기말은 없고 당기만 있을꼬? 내년에도 당기 이익 많이 챙기시길.

멋쟁이골퍼

한 번 본 적도 없는데 분화구 친구 글이 왜 좋은지! 미사여구도 없는 글이 순수하게 마음을 파는 건 왜일까? 별 것도 아닌 일을 그저 그렇게 쓰는 것 같은데 뭔가를 찌르는 깊게 와닿는 느낌은 나만 그런 걸까? 갸우뚱? 새 직장 축하혀. 건강 챙기슈.

이장

나이 들어 가장 좋은 것을 꼽으라면 돈 다음에 친구랍니다. 세상을 긍정적으로 바라보는 님의 마음이 나를 감도케 합니다. 새로운 직장에서 제2의 삶을 성과 있게 지내십시오. 님의 글을 읽다보면 숨김이 없어 정감이 가고 좋습니다.

나, 결국은 터뜨렸다.

나 며칠 전 시한폭탄을 터뜨렸다. 괜히 터뜨렸다. 얼마나 냄새가 나는지 정말 괜히 터뜨렸다. 안 터뜨리려고 했는데 나도 밸이 있지그 시한폭탄 우리 마누라다. 무슨 말인지 알 거다. 그 웃음은 우는 웃음이다

왜 살아?

나도 몰라.

해피

폭탄은 터뜨려야 폭탄이지. 안 터지면 불발탄. 그 폭탄은 자기 의무를 다했을 뿐입니다. 이제 흩어진 잔해 수거에 노력하시길. 원상복구는 빠른 시일 안에.

분화구님이 안 보인다

- 가문에영광님 글

“나 결국 터뜨렸다.”를 끝으로 분화구님이 창에서 안 보인다. 벌써 일주일이 넘었다. 무슨 일이지? 아직 가까운데 살면서도 뵙지 못한 친구다. 너무도 인간적인 글로 우리 친구들 마음을 사로잡던 친구인데 무얼 어떻게 터뜨리고 잠수함을 탔는지? 그 친구 성품에 사고를 치진 않았을 것 같은데 어디서 컴이 없는 곳에 있는 것일까?

난 우리 친구들 사생활에 아주 관심이 많다. 돌붕어는 왜 무엇 때문에 용마루를 탈퇴했을까? 부산갈매기는 요즘 부인의 건강이 어떠하실까? 바이크님의 제주에 사는 의사 아드님의 아기는 잘 크고 있을까? 로사님의 조카분의 건강 상태는 어떠하실까? 진실한님의 술 끊기 운동은 잘 되어가는 걸까? 맞기, 시버그도 올해는 담배를 꼭 끊어야 할 텐데. 부산의 앵두 여사는 요즘 어떻게 지내실꼬?

257명의 사생활을 다 알 수는 없지만 우리 친구님들의 모든 일이 다 술술 풀렸으면 좋겠다. 올 초 새해 인사로 ‘만복이 깃드시길 기원합니다.'라고 인사를 했으니 며칠 있으면 용마루 창립 6주년 기념 정모가 서울에서 있을 건데 2월 3일 많은 친구들이 활짝 웃는 얼굴로 마주쳤으면 좋겠다. 영천 독수리가, 대성이가, 부산아찌가 우리 곁을 떠나갔지만 남아있는 우리 친구들이 다들 행복했으면 하며 아침 출근 전에 창에 들려 주절거려본다.

로사

분화구님 새 직장에 적응하느라 바쁜 모양입니다. 며칠 전에 인사했어요. 업무 파악하느라 힘들다고. 그래도 잘 해 낼거라 합니다. 우리 모두 건강하세요.

분화구님 4행시

분: 분위기 좋은 레스토랑에서

화: 화장을 짙게 하고 앤을 기다리는 멋진 여인이 누

구: 구를 기다리는데 약속한

님: 님은 안 오고 긴 시간만 흘러 흘러가고 있대요.

앵두

분: 분명 좋은 친구임에 틀림없어
화: 화려하지도 않은 일기에서 보인다오
구: 구구 절절히 글로 표현한 그 마음
님: 님은 아마도 솔직담백한 친구일 거야

해피

분: 분수도 모르고
화: 화려한 원피스를 샀지
구: 구색 맞추느라 심플한 구두까지
님: 님 만나러 가다가 구두 뒷굽 까져서(역시 해피는 운동화 체질이야)

분화구 삼행시

로사

분: 분화구님 일기 보는 재미가
화: 화창한 봄날처럼 따사롭고
구: 구수한 된장찌개 같은 정을 느낍니다

선인장

분: 분을 뽀얗게 바르고 립스틱 바르고 예쁘게 화장해도
화: 화사한 모습으로 보여질 수는 없는 모습이겠지만
구: 구수한 말솜씨 일기를 잘 쓰신 멋쟁이 같으실, 아니 젠틀맨이라 할까요. 분화구님 어떤 분일까?

분화구

분: 분에 넘치는 말씀에 이 촌놈 어찌할 바를 모르겠습니다.
화: 화롯불에 둘러앉아 그냥저냥 이야기 하는 식으로 올려드리는데도
구: 구구 절절 잘 읽어주시고 댓글 달아주시는 여러분 덕분에 마누라 생각도 안나요. 고맙습니다.

하나도 재미없다

나 요즘 사는 게 하나도 재미없다. 그 전 같으면 진천에서 낮에 일하고 밤에 여유 있게 소주 한 잔 먹고 컴 하고, 개들 밥 주고 이런저런 재미도 있었고, 경비 설 때는 낮에 내 일 다 보고 할 거 다하고 돌아다녔는데, 지금은 그게 아니다.

돈 조금 더 탄다고 완전 묶여있으니……. 아침 새벽부터 만원버스에 몸을 싣고 사무실에서 하루 종일 밤늦게 야근까지. 집에 와서 밥 먹으면 보통 10시다. 완전 코가 꿰어 그 좋아하는 술도 못 먹고. 왜, 다음날 냄새가 두려워서. 그러니 재미라고는 한 개도 없다.

어제 토요일인데도 늦게까지 야근하고 집에 와 할머니 제사 드리고 오늘은 조금 늦게 일어나 회사로 갔다. 점심에 짬뽕 하나 사먹고 늦게 7시까지 일하고 집에 왔다. 내일은 건강검진을 한다나? 오늘 저녁엔 술도 먹지 말라고 하고. 내일 아침도 못 먹고 갈 판이니 하나도 재미없다.

즐거운 넋두리인지, 힘든 넋두리인지. 나 그래도 지금 넥타이

매고 있는 것보다 그 전에 작업복 입었던 게 좋은 것 같다. 이젠 할 수 없는 일. 하늘에 맡기는 수밖에. 에라, 나도 모르겠다.

이장

직장 생활이라는 게 원래 그런 것 같아요. 쫄병 때는 긴장해서 그렇고, 중년 때는 진급하려니 그렇고, 고참이 되어서는 어디 가기가 그렇고. 하하하 즐거워하면서 지내요. 세상사 다 그렇잖아요.

오늘

세상을 살다보니 여러 가지의 형태로 살아가는 세월이 있지요. 님은 또 하나의 세상살이를 맛보시며 사는 게 아니신지요? 지루하고 힘든 것보다는 그 생활을 맛보며 즐기시면 어떠하실는지요.

무지하게 재수 없던 날

며칠 전이다. 아침에 일찍 뉴스를 보니 눈이 올 거라는 이야기다. 출근하려고 밥을 먹으면서 마누라한테 '밖에 눈이 오냐?'고 했더니 '안 온다.'고 한다.

그래서 어유 있게 밥을 다 먹고 문을 나서려니 금방 왔는지 눈이 퍼붓는다. 빨리 버스를 타겠다고 부지런히 정류장엘 갔더니 벌써부터 차들이 거북이 걸음이다. 미끄러워서 차는 늦게 도착하고 탈 사람은 많이 밀려있고. 그래도 그 차를 타야 출근을 해야겠기에 비집고 들어가서 겨우 매달렸는데 버스카드로 요금을 내고 자리가 비좁아서 몸을 뒤척이다 비상용으로 옆 주머니에 넣어두었던 다른 버스카드에 또 찍혔다. 그러니까 버스비를 두 번 낸 거다. 또라이…….

버스표 하나는 윗도리 주머니에 넣어둘 걸. 누가 그럴 줄 알았나? 차에 사람은 만원이라 팔이 아프도록 1시간 20분을 매달려 갔으니 버스비를 두 번 내고도 자리는커녕 짐짝같이 매달려 갔다.

다른 때 같으면 손님 대접 단단히 받는 건데. 그날따라 눈이 갑자기 와서 1분에 지나갈 데를 40분이 걸렸다. 물론 지각했다. 아이고 약 올라. 약 오른 거 보니 아직도 난 소인인가 보다.

이장

사람이 실수를 하고 불그레한 얼굴로 빙그레 웃을 때가 가장 아름다운 법입니다. 분화구님 실수를 두렵게 생각하지 마세요. 그게 인생사입니다.

멋쟁이골퍼

구수한 그리고 꾸밈 없는 우리들 친구 분화구. 무쟈게 아까부두(무지하게 아까워도) 할 수 없당. 담에 공으루 차 함 타구, 비겨불고 웬수 갚았다고 글 올려랑. 기대하구 있을게.

세상에 이런 일이

참 나 별일 다 있다. 요즘 내가 다니는 회사에 경리 아가씨가 그만두어서 아가씨 한 명을 채용하는데, 인터넷에 올렸더니 좋은 회사가 아닌데도 지원자가 30명이나 올라와 있다. 저번에 한 명을 어렵사리 뽑았는데 일이 많고 그 전 장부도 개판이고 사장님 성질도 그렇다 하다고 그만뒀다. 그래서 요즘에 또 뽑는데…….

그곳에 출근한지 한 달 겨우 넘은 나더러 면접을 보고 뽑으란다. 내가 좀 재미있고 편하게 물어보고 대답하고 했더니 아가씨들이 거의 다 인상이 좋고 편하단다. 내가 아가씨들을 면접 보는 건지 아가씨들이 나를 면접 보는 건지. 나도 도무지 헷갈린다. 세상에 이런 일이. 텔레비전에 나올 이야기다.

내일은 그 중 한 명을 뽑아야 하는데, 큰 걱정이다. 다 열심히 할 것 같고, 실력도 있고. 사람이 못할 짓이다. 어느 사람을 자신이 없어 사장님이 뽑으라고 했더니 날 보고 알아서하란다.

차라리 내 목을 치지…….

소연

저 같은 경우는 자필 이력서를 받습니다. 컴이 아무리 발달했어도 자기소개에 어휘 선택을 어찌했느냐에 따라서 그 사람의 품성을 볼 수 있지요. 가정 환경도 일단 경리라면 전화 상냥하고 오신 손님에게 상냥한 인상은 사랑을 많이 받은 가정의 아가씨가. 글씨체는 악필에 악인 없다고 했지만 자기의 글씨가 형편없는 것을 용서 못해서 이쁘게 쓰려 노력하지요. 그런 사람이라면 다른 일에도 열성을. 제가 사람을 채용하는 기준입니다만.

취송

취송은 본사랑 떨어져 있어서 서울 사무소 직원은 거의 내가 면접 보고 뽑는데 자필 이력서가 아니면 쳐다보지도 않습니다. 또한 착하고 말 잘 듣는 사람도 중요하지만 일에 대한 열정과 자기 성취를 위해서 얼마나 노력할 수 있는 사람인지를 보게 되더군요. 좋은 사람 선택하시길 바랍니다.

푸른솔

내 일생동안 뽑아서 같이 일한 사람이 수천 명도 더 된다. 면접할 때 서류는 전혀 보지 않았다. 단 선문을 던졌다. 그리고 반응을 봤다. 장기가 뭐냐고 묻고 그 장기를 봤다. 노래면 노래, 사회 보는 거라면 사회, 드럼 치는 거라면 드럼 없이 입으로 치고 행동을 보여 보라고 했다. 기타면 기타 치는 흉내를 손으로 내며 입으로 기타 소리를 내라고 했다. 그래서 늘 내가 면접 보는 곳은 웃음이 떠나지 않았다. 그들의 소질과 인간성과 대인관계성 감성 등 미래까지도 보였다. 그들의 전공과 학력, 성적, 인물, 몸매, 집안, 학벌, 지방, 가정, 형제, 부모는 아예 보지도 묻지도 않고 꼭 채용을 했다. 그 결과 그들의 회사 생활은 일취월장하여 대단한 인물들이 됐다.

마로키키

자필 이력서라. 크……. 그게 내가 제일 약한 부분인데, 글씨가 선천적으로 악필이라. 그래서 PC도 남보다 일찍 배운 이유가 필체가 나쁘다보니 글씨에 신경 쓰느라 생각이 짧아져서 미국서 PC 발명하자마자 애플 컴퓨터 사서 회사 가져와서 썼는데. 첨엔 한글이 없어 애도 많이 먹었지만 이제는 참 좋은 세상이네요. 글씨체가 중요한 게 아니고, 내용이 중요하지 않을까요.

이장

사람이 사람을 평가한다는 게 제일 어려운 일일 것입니다. 그러나 사람을 채용한다고 하면 가장 중요한 게 담당자의 주관일 것입니다. 명확하고 비전을 제시하고 대화를 통해서 일체감을 이룬다면 채용해도 실패는 없으리라 생각이 듭니다. 또한 신입 사원의 실수를 다그쳐서는 안 됩니다. 신입 사원을 가르칠 수 있는 기회와 인적 자원에 투자를 해야 하거든요. 투자 없이 능력 있는 자원을 만들어 낼 수는 없습니다. 당신도 신입사원 시절이 있었거든요.

참 이상한 일이다

일주일 전 우리 엄마의 사촌 동서가 돌아가셨다. 노환으로 돌아가셨는데 며칠 아프시다가 쉽게 돌아가셨다. 다른 사람같이 고생 별로 안 하시고 돌아가셔서 다행인지는 몰라도.

누나네랑 동생네랑 같이 문상을 하는데 작은형이 얼마나 웃기는지. 생전 처음 향불 들고 문상하면서 웃기는 처음이다. 술기운이 조금 있는 작은형이 왈. "아이구, 어머니 우리 친척 변씨(우리 엄마는 원주 변씨)가 아닌 수원에 사는 이씨가 많이 왔어요. 누나도 오고요." 장난기 있는 말로 "아이고, 아이고."하면서 우리 마누라는 킥킥 소리 내며 웃고. 하하 참나 원.

그 이튿날 날씨도 따뜻하고 좋았다. 산소에 모시던 중 우리 마누라와 친척 아줌마들하고 옆에 앉아서 지켜보고 있는데 어디서 노랑나비 두 마리가 날아왔단다. 아줌마들 앉아있는데 몇 바퀴 돌더니 어디론가 날아갔단다. 날씨가 풀렸다고 해도 겨울철인데. 그 비무장지대 가까운 곳에 산에 나비 두 마리가 날아온 것이 그것도 밭고랑 사이도 아니고 얕은 산인데.

아줌마들 하는 말이 "그분들이 살아계실 때도 다정했는데 벌써 나비가 되어 만나셨나 보다."라고 모두가 희한한 일도 다 봤다고들 하셨다. 우리 마누라 집에 와서도 계속 그 이야기다. 내 생각에도 참 이상한 일이다. 이 음력 정월에 나비가 나타나다니.

아무쪼록 두 분이 아니 돌아가신 친척 어르신들 두 마리의 나비처럼 사이좋게 만나고 지내셨으면 좋겠다.

멋쟁이골퍼

분화구 친구가 좋은 일이라면 좋은 것이라고 믿구 이상한 일이라면 그건 이상한 것으로 믿을겨? 꽃도 피는데 나비가 어때서 흔치는 않으나 나비 있답니다. 좋은 일일 겁니다. 분화구님.

다 빼앗긴 날

다 빼앗겼다. 돈도, 친구도, 휴일도 모두. 웬 강도를 만났냐고? 강도도 큰 강도지.

26년 전 오늘 나는 다 빼앗겼다. 어느 처녀한테. 그날은 좋았지. 그 다음부터 지금까지. 그 마누라 저도 그럴걸? 저도 한 남자한테 다 빼앗겼다고. 옛날엔 꿈도 많았는데 지금 이럴 줄이야.

어제는 내숭 떠느라고 사탕 대신 호두 사다주고. 어제 저녁에 늦게 와서 꽃바구니 맞춰서 오늘 집에 가져다주라고 하고. 오늘은 바빠 죽겠는데 저녁 사주고. 아이고. 쫓겨나질 않으려면 맨날 내숭을 떨어야 되니.

오늘 저녁 먹으면서 한 잔 했더니, 말도 생각도 안 난다. 너무 기가 막혀서 그런가?

하여간 26년 전 오늘. 그날부터 나는 망가졌다. 친구고 뭐고 다 빼앗겼으니.

진실한

역시 멋진 사나이. 다 빼앗긴 것도 아니고 대장으로서 임무 완수. 군사도 두 명 만들었고. 집 지키는 푸들 두 마리 키우고 있고. 새 집 짓고 이사했고. 왕처럼 군림하고 살고 있구만 뭔 소리를 요로콤 한대요.

망가진 날

어제 그렇게 좋다는 직지사도 못 가고. 회사 일에 초등학교 동창 총회 동창회에 가서 오랜만에 잘 먹고, 잘 마시고, 집에 와서 맥주 또 마시고…….

오늘 아침 5시에 일어나 조금 이따가 목욕탕에 가서 몸 풀고 회사에 가서 일을 조금 하려고 서둘러서 버스를 타고 서울 사무실에 갔더니 건물 문이 닫혔다. 건물 관리인과 주인한테 전화를 해도 전화는 안 되고. 한참을 전화 시도하다 열 받아 그냥 버스 타고 내려왔다.

어제부터, 오늘 새벽부터 설쳤는데 오늘 일과 망가졌다. 집에 와서 캔 맥주로 마음 달래고 컴에 들어오니 새 소식에, 멋진 직지사 사진에. 그래도 그냥저냥 마음이 누그러졌다.

내일 가서 버스비 일당 달래야지. 얼마나 주려나. 많이 받으면 친구들 내가 한 번 쏜다. 못 받으면 못 쏘고.

에라, 나도 모르겠다

나, 내일이고 모레고 어떻게 될지 모르겠다.

오늘 집에서 일 좀 하려고 했는데 내 동생이 지네 친구네 집에서 옻닭을 한다고 형이랑 같이 먹으러 가자고 해서 같이 가긴 갔다.

그래서 갔더니 내 동생 친구 어머님은 열심히 옻닭을 끓이시고 마음은 옻 오를까봐 먹고 싶은 생각은 아예 없다. 내 동생과 동생 친구가 계란 하나만 먹으면 괜찮다고 꼬시면서 "형 먹으면 좋다."고 그런다.

다들 먹는데 나만 안 먹어 분위기 망칠 것 같아, '에라 먹자'고 해서 이왕 먹는 김에 확실하게 고기랑 국물까지 세 그릇 먹었는데, "나 어떻게 해. 옻이 오르면 매일 긁적대는 거 아니야? 나 걱정되네. 에라 될 대로 되라지. 나도 모르겠다."

가문에영광

분화구 친구님! 이런 말 있죠? 먹고 죽은 귀신은 때깔도 좋다는 말 심수갑산을 가더라도 먹구 보는겨! 아프면 병원 가구. 좌우간 글을 맛깔스럽게 쓰는 친구님.

귀신 둘…… ㅎ

우리 동네 귀신 둘이 있다. 살아있는 귀신, 술 귀신이다.

어제 토요일 집에 일찍 가봐야 대낮부터 술 먹을 것 같기도 해서 회사 일도 할 겸 느지막하게 갔더니 아니나 다를까 집에 거의 다 갔을 때 나를 기다리다 지쳤는지 두 귀신이 내가 오는 것도 모르고 길옆을 지나 술 먹으러 가는 모양이다.

얼른 차 뒤로 숨어서 잡히는 것을 간신히, 그야말로 2초 사이에 피했다. 잡혔더라면 나도 귀신될 뻔 했는데. 그리고 나는 집에 와서 숨을 돌린 다음 있는 안주에 소주 한 병 했다.

두 시간 후 마당 정리를 하고 있는데 두 귀신들이 술이 얼큰해가지고 나를 발견해 산삼이라도 캔 듯이 기뻐한다. 제때에 걸린 거다. 자기네 집에 가서 한 잔 하자고 한다. 마지못해 끌려가고 소주 먹고, 슈퍼에 가서 맥주 먹고. 또 망가졌다.

그래도 오늘 아침에 멀쩡한 건 자는 도중 물을 많이 먹어서 그런가? 그래도 괜찮다.

그 두 귀신들 한 사람은 정년퇴직하고 연금 받으면서 살만하고. 한 귀신은 59살인데 백수. 그래도 살만하고. 하여간 팔자는 좋은 팔자들이다.

오늘은 두 귀신들 아는 체도 하지 말아야지.

요즘 꽃뱀 조심

꽃뱀 조심? 웬 일이냐구요?

한여름에 꽃뱀이, 뱀이 한여름에 나오니깐. 다름이 아니오라 요즘 젊은 여자들이 순진한 총각들 성추행범으로 몰고 돈 뜯고 그런답니다. 특히 군인들. 군인 둔 집안에서는 주의를 시키길.

젊은 놈들이 술 한 번 먹고 꽃뱀들이 유린하는 곳에서 같이 잤다간 그날로 헌병대에 끌려간답니다.

그 일명 꽃뱀들이 술집에서 만나서 자기네 집으로 가자고 해 놓고 일 좀 벌릴라 치면 큰소리를 질러 순경 오게 하고, 헌병 오게 하고. 요즘 법이 무서워서 그 정도 되면 다 걸린답니다.

내가 아는 헌병대장 왈 요즘 그런 건 애꿎은 사병들이 많이 걸려온답니다. 앳 띈 전문적인 꽃뱀들의 수작이 많대요.

집안에 아들 둔 집 주의시키시길. 잘못하면 한 방에 갑니다.

여자를 멀리하라구요. 문제는 여자야.

나도 기분 좋은 날

오늘 저녁 회사일도 바쁜데 이발도 할 겸 모처럼 퇴근 시간 조금 늦게 집에 오는 길에 이발소에 들러서 집에 왔더니 마누라하 하는 말, 딸아이가 꼬마 녀석들 데리고 집에 온다고 마당에 숯불 피워놓으란다. 고기 구워먹는다고.

딸아이는 몇 년 전부터 같은 직장에 다니는 언니 동생들끼리 옛날로 말하면 고아원 아이들에게 봉사를 하고 있다. 오늘도 10살 남짓한 아이들과 축구장에 가서 축구 구경을 시키고 우리 집에 데리고 와서 저녁을 대접할 이야기다.

서로들 돈을 나누어 거두어서 봉사하는데 쓰는 모양이다. 그 젊은 처녀들의 마음씨가 얼마나 고마운지. 한참 신이 나서 숯불을 피우고 의자도 가져다놓고 고기 굽는 망도 닦아서 숯불에 소독하고 있는데 아이들 목소리가 떠들썩하다. 신이 나서 누나들하고 같이 오는데 얼마나 활기찬지 구김살 없고 예쁘고, 말 잘하고, 인사 잘하고. 나도 괜스레 신이 난다.

"아버님도 고기 드세요."하는 말에 고기 한 점에 소주 반 병을 먹고 안 되겠다 싶어 이 아이들한테 보여줄 게 있다 싶어 마침 하늘을 보니 초승달이 선명하게 보인다. 너희들 달을 보여줄게 했더니 딸아이도 그러라고 한다. 접어두었던 천체망원경을 조립하여 마당에서 보여줬더니 더 신나서 좋아한다. 같이 온 처녀들도 보고…….

그들이 좋아하니 나도 얼마나 좋은지. 그리고 나는 마누라랑 방에서 소주 1병에 포도주 먹고. 아이들은 밖에서 먹고 잘 놀더니 그 젊은 처녀들은 그 아이들 데려다준다고 갔다. 얼마나 좋은 밤인지. 오늘 밤 나는 괜히 기분 좋다. 맨날 이런 밤만 있었으면 얼마나 좋을까!

2부

친구 스토리

추어탕 생각

- 친구에게 · 1

며칠 전 내가 일할 곳인 이곳 산속에 현장 답사를 왔잖아? 이곳에 오니깐 들어오는 입구부터 삭막한 거 있지. 산인데 나무는 하나도 없고 풀 몇 포기만 띄엄띄엄 있고. 군데군데 불도저로 밀어놓은 그야말로 황량한 산이야. 현장을 둘러보니 산 아래는 교각 몇 군데, 저 멀리 개 사육장 두 군데…….

그래도 눈에 띄는 건 조그만 연못. 한 번에 보니 미꾸라지가 있겠더라고. 그래서 그 다음 날 그물로 된 어항 몇 개를 가지고 와서 떡밥을 개가지고 그 깜깜한 밤에 4군데를 던져놨는데 웬 청둥오리 떼가 많이 와서 자는지 먹이를 먹는지. 한 4~50마리는 훨씬 넘을 거야. 꽥꽥대서 그럴 때마다 나가서 돌팔매질로 쫓는 거야. 미꾸라지 잡아서 오리 다 주는 줄 알고. 밤새 몇 번을 나갔다 왔지.

그 이튿날 와서 많이 들어갔겠지 했어. 추어탕 끓여서 한 잔 하겠구나하고 들어보니 웬걸 어항 4개 모두 한 마리도 들어가지 않은 거 있지! 그래서 '그러면 오리를 잡아?' 그런 생각이 나는 거야. 오리가 밤에 잘 때 매미 잡는 망보다 큰 걸로 잡을까 하고. 잡다가 걸리면 징역 가는데. 그건 또 생각해봐야 할 일이고. '차라리 미꾸라지랑 오리랑 사먹는 게 낫겠지.'하고 접어뒀어. 내가 오리 잡걸랑 이야기할게.

그리고 밤이 됐는데 비는 하염없이 내리고 웬 개들은 그렇게 짖어. 개 농장 개들이 몇 백 마리 되나봐. 그것도 개 목소리만 내면 괜찮게. 몇 마리가 번갈아가면서 늑대 우는 소리 있지? 그건 정말 듣기 싫더라. 사방이 깜깜한 밤에 그래도 어떻게 해 환하기를 기다리며 팔자려니 생각해야지. 내가 맨날 팔자, 팔자 하는데 그냥 아무 생각 말고 이해해줘. 나 조금은 낙천적인 생각 알지! 몰라. 또 비관적인 생각이 있는 건지. 좋게 생각해. 모두가 하늘 뜻 아니야? 오늘도 수고 많았지? 항상 양보 운전하고 속도를 지키고, 빨라야 5분이야. 그리고 날씨가 추워진대. 감기 조심해. 이 나이에 감기 들면 끝이래. 다음에 또 이야기 전할게.

푸른솔

미꾸라지는 가마니에다 소똥을 잔뜩 넣어 물에 던져놓으면, 며칠 있다 가마니 건져 올리면 그 안에 미꾸리가 득실득실. 그냥 매운탕 끓여 캬 한 잔 하면 되는데. 소똥? 그건 젖소 사육장 가면 엄청 많음.

일장춘몽

- 친구에게 · 2

오늘도 즐거운 하루였어? 아무 일 없고? 그래, 무소식이 희소식이라고 나쁜 소식만 없으면 다행이야. 이곳 현장에 컴이 설치됐어. 그 전 현장에서는 컴이 안 되어서 밤새 시간 보내기가 지루했는데 이제는 매일 즐겁게 됐네. 컴에 들어가면 얼마나 좋은지 음악도 들어가면서 이런저런 이야기도 하고, 서로 얼굴도 모르고 목소리도 나누지 못하지만 왜 그렇게 좋은지. 요즘은 마누라보다도 컴이 더 좋은 것 같아 어쩌지? 마누라가 이 말 알면 나는 당장 박살나. 우리 마누라한테 이야기하지 마.

오늘은 친구들과 이야기를 나누는데 어느 친구가 내 이야기가 재미있다고 직업이 택시 기사 했으면 잘 하셨겠다고 하는 거 있지. 그분 참 예리하시더라고 그래서 그렇지 않아도 택시 기사 했었다고 했더니 자기가 잘 맞췄다고 좋아하는 거야. 정말 너도 알지만 나 택시운전 했었잖아. 17일 동안. 왜 했냐고? 처남이 연립주택 지어서 남는 돈 준다고 해서 많지도 않은 돈 거기다 집어넣고, 주식 사놓은 것은 떨어지고, 2002년인가 LG증권 16,000

원정도 할 때 산 게 5천 얼마 할 때까지 떨어지고 집은 안 팔려서 돈은 안 나오고. 주식 팔자니 본전 생각은 나고, 돈은 없고 해서 택시 한다고 했잖아. 놀면 뭐해 돈이 없는걸. 그런데 왜 17일 했냐고? 그 이야기 다하면 오늘 밤새도록 못해. 내일 이야기 해줄게. 오늘 좋은 꿈꾸고. 안녕.

가문에영광

잉? 친구도 주식해서 손해봤나보네? 주식 그거 마약보다 더 나쁜 거야. 누구나 경험 있지만 나두 쓰라린 경험이 있다우. 객장에서 있으면 왜 그렇게 뜬소문이 귀에 잘 들리는지. 그런데 지금 어디 지방에 가있나 봐요? 택시 / 경비 / 관리 / 다방면에서 경험 있으시네여?

17일 동안의 택시기사

- 친구에게 · 3

어제 이야기 전한다고 했잖아. 택시 왜 17일 했냐고 한 거. 미안해. 어제 술 한 잔 하다 보니 잊었어. 나도 점점 그 전 같지 않네.

택시를 하는데도 면허증만 있으면 되는 것은 아니야. 시험 치고, 교육 받고 해야 돼. 시험을 치는 것도 이상하대. 경기도 사람 다 보는데 시험 문제 중에 내가 수원 사람이라면 가평군 지리를 묻는 거 있지? 예를 들어 속초 사람이 시험을 보는데 동해시 지리를 알아맞히라는 거야. 참, 어이가 없어.

어떻게 됐든 시험에 붙어서 택시 자격 면허가 나왔어. 택시 회사에 이야기를 해서 입사를 했더니 회사복을 주네. 주면서 노조위원장한테 가보라는 거 있지? 노조위원장한테 가보니까 인사 몇 마디하고 안전하게 잘하라는 거야.

나중에 알고 봤더니 그 사람 운전도 안하고 월급 받는대. 일도 안 하고 기가 막혀. 그 전에 회사 다녀도 그런 일은 처음이야. 요즘 노조 위원장은 다 그런다나? 나도 몰랐네. 세상 너무 변했어.

그건 그렇고 택시를 끌고 나와서 처음 받은 손님은 누군지 나도 기억이 없네. 우리는 복잡한 게 싫어서 그런가, 웬만하면 기억하고 싶질 않아. 사람들을 너무 만나서 그런가. 맨 처음이라 그런가. 그 첫 날 입금이 5만 몇 천 원이었던가? 제하고 나머지 2만 원 정도까지 입금. 남들은 집에 가져간다는데 그리고 집에 오니 도둑놈이 우리 집에 다녀가셨다는 거 있지.

무지개

분화구님 맘을 늘 읽어요. 늘 행복한 마음으로 살아보자구요. 이그 정말 글을 올렸네. 착하시고 도덕책처럼 사시는 게 보인다니깐요.

산너머

지나간 일 넋두리처럼 하시는 분화구님 부럽습니다. 내가 인터넷 시작하고부터 젤 부러운 사람은 글 쉽게 잘 쓰는 사람. 홧팅이요! 4편 기대할게요.

스페어 택시기사

- 친구에게 · 4

집에 오니깐 집이 난리가 아니야. 우리 방이고 아이들 방이고 다 뒤적이고 흩뜨려 놓은 거 있지? 마누라가 치우지도 않고 그냥 널어뜨려 놨더라고. 경찰에 신고한다고. 경찰이 왔는데 뭐 단서가 있나? 도둑놈들이 그렇게 머리가 나쁘면 그 짓을 하겠어?

잃어버린 건 없냐고? 왜 없어. 내가 택시 시작하니까 마누라가 100원짜리, 1,000원짜리 바꿔다놓은 거 한 20만 원어치 되나? 그리고 마누라 팔찌, 목걸이, 반지 등을 가져갔어. 마누라는 방방 뜨는데 나는 액땜한 셈 치자고 하고 좋게 생각했어. 열이야 받지만 어떻게 해. 이왕 그렇게 된 거.

그리고 또 12시간 근무, 나는 정식 기사가 아닌 펑크 낸 기사들 빈자리 채우는 스페어기사였어. 그걸 몇 달해야 정식으로 기사가 된다나?

한 번은 토요일 저녁부터 일요일 아침, 또 일요일 저녁. 이렇게 36시간을 근무한 거 있지? 이놈들이 토요일, 일요일 되면 돈도 싫고 쉰다는 거야. 그러니 택시가 쉬게 생겼으니 신뼁, 스페어가 할 수밖에. 그래도 법이라고 지켜야 되니. 그래도 나도 "알았어, 하라면 하지."하고 36시간을 근무했네. 물론 잠이야 조금씩 잤지. 차 안에서. 집에 가서 밥 먹기도 싫더라고? 화장실 가는 거 빼고 차 안에 있었더니 나중에 차에서 내려오니까 다리가 안 펴지더라고. 하하, 또라이. 참 생각을 해봐도 한심하기도 하고 여러 생각이 교차 되더만. 그래도 팔자려니 하고 그냥 넘겼지.

이놈들이 지들 돈 벌 때 초저녁에는 지들이 돈 벌고, 안 벌릴 때만 빠지는 거 있지? 그게 다 스페어가 하는 거야. 나 말고도 스페어가 몇 있었지만. 다니기는 무척 다녔대. 손님 찾으러 쉬지 않고. 별의별 손님이 다 있더라고.

가문에영광

이런 도둑도 봤는데! 그 전에 칼라TV를 월부로 들여다 놓은 날 그날 밤에 홀랑 가져간 거 있지. 나머지 할부금 낼 때마다 승질나는 거 미치고 팔짝 뛰는 거야. 요즘 도둑은 안 그러려나? 우린 현장 사무실에 자재 창고를 같이 쓰는데 밤 사이에 홀라당 털어가는 거 있지? 나쁜 도둑!

앵두

무슨 일이든 열심히 하려는 마음이 어찌 그리 이쁘세요. 진실된 마음 보여요. 분화구님 파이팅!

각양각색의 손님들

- 친구에게 · 5

하하하, 택시 이야기 지루한 것 같지 않아? 한 두어 번만 이야기 하면 될 것 같아.

참 별의별 손님이 있다고 했지? 17일 하는 동안에 그러니 몇 년씩 한 사람들은 어떠하겠어. 정말이지 내 친구 이야기론 택시 오래한 사람은 손님을 물건 취급한단다. 대다수 착한 기사님들한테는 미안하지만 손님들이 그렇게 만드는 거야. 안 그런 사람도 있지만.

나한테는 이런 손님이 있었어. 술이 잔뜩 취해가지고 자기 윗분인지? 택시로 태워서 보내는데 나한테 그러는 거야. "어이, 이 분 잘 모셔다드려." 그러는 거 있지. 암만 반말이라도 큰 소리로 깔아뭉개는 거야. 속은 뒤집어져도 "예 알았습니다."했지.

또 한 번은 어느 아줌마가 탔어. 그 아줌마 "아저씨는 어떻게 해서 택시 하냐."고 그러는 거야. 그래서 자초지종 이야기를 했지. 주식해서 까먹은 거까지. 그랬더니 자기는 아파트 투기를 한다는 거야. 1년에 두 번만 하면 괜찮다나? 그때부터 지금까지 그 아줌마 아파트 투기를 했으면 지금쯤 재벌 됐겠지?

어떤 아줌마는 아침에 출근하면서 내 택시를 탔는데. 소위 말해서 피라미드 하는 아줌마 같아. 그러면서 그거하면 돈 번다고 명함까지 주는 거 있지? 피라미드해서 돈 번 사람 나는 못 봤는데. 그 아줌마 그때부터 지금까지 피라미드 했으면 내 생각에는 아주 망가졌을 거야.

세상 고르지도 못하지? 아침부터 열심히 돈 벌라고 뛰는데 어떤 아줌마는 튀겼을 거 같고. 어떤 아줌마는 말아먹었을 거 같고. 친구야 내가 이런 소리 했다고 오해하지 마. 순전히 내 개인적인 생각이니까 내 생각이 옳지 않을 수도 있으니까.

재미나는 이야기 한 번 해줄까? 안산에서 택시 하는 친구가 그러는데 어떤 택시가 손님을 태우고 송탄 미군 부대로 가는데 지나가던 같은 택시 기사가 "야, 어디 가냐." 그랬더니 "나 연탄 2장 싣고 송탄 가." 그랬단다. 송탄 가서 그 흑인 미군한테 택시 요금 달라고 하니까 안 주고 정문으로 그냥 들어가더란다. 그 미군이 한국말로 "니가 연탄 싣고 왔지 사람 싣고 왔냐고."

오늘 너무 많이 주절댔지? 간단하게 이야기해야 되는데.

오늘 밤도 좋은 꿈꾸고.

꿈은 반드시 이루어지더라. 안녕.

고달픈 택시 기사

- 친구에게 · 6

어제 그 택시 기사 말 한마디 때문에 택시비도 못 받고. 맞지 않길 다행이지. 그러게 사람이 누가 있으나 없으나 말조심해야 돼.

택시 일을 17일 했는데 17일 수입이 40만 원도 안 되는 거 있지? 어느 날은 36시간을 했는데도. 그럴 수밖에. 이거 이야기하면 정말 또라이라 그러겠지. 수원 시내 택시 기사들한테 욕먹을 짓이고.

수원역 앞에서 손님이 타면 파란 신호등이 들어와야 미터기를 꺾고 다른 사람은 손님이 타자마자 미터기 꺾는데 한 번은 서울서 온 아가씨들이 탄 거야. 타자마자 미터기를 왜 안 꺾느냐는 거지. 그래서 "차가 출발해야 꺾지요."했더니 이런 아저씨 처음 본다는 거야. 그러다 어떤 때는 목적지 반쯤 가서야 꺾은 거 있지. 그러니 돈이 돼?

민방위 시간에 걸리면 그 시간 깎아주고. 합승해서 차가 밀리면 돈 낼 걱정하면 걱정하지 말라고 깎아주고. 어떤 아주머니는 다른 차는 얼마인데 이 차는 몇 백 원 더 나온다면 깎아주고. 그리고 스페어도 언제까지 할지도 모르고, 월드컵하면 수원 시내 막혀서 안 될 것 같고. 그래서 그만두었지. 맨 처음엔 택시 3년 해서 개인택시 사려고 그랬는데 남 마음 나쁘게 하면 안 되겠고, 돈 챙긴다는 게 싫더라고. 두고두고 기억에 남는 일이 되면 안 될 것 같아 그만뒀지.

김장은 했어? 우린 내일 김장해. 다음 주부터는 추워진다는데 감기 조심하고. 겨울엔 되도록 차 끌고 다니지 마. 미끄럽기도 하고, 겨울엔 차도 고장이 많이 나. 다음에 또 전할게.

가문에영광

아이고. 이렇게 맹한 친구가 어떻게 택시 운전을 했누? 우리 친구 하나는 직장 다니면서 자가용으로 개인택시를 타고 다니면서 시간 나는 대로 나가서 돈 벌러 다니는 친구가 있는데 그게 그렇게 부럽더이다. 퇴근길에도 돈 벌고.

월동 준비

- 친구에게 · 7

내일부터 월요일까지 비 온대. 비 오고나면 본격적으로 춥겠지? 김장은 했어? 우린 그저께 했는데 마당에서 일하기 좋다고 처형네, 처남네 것까지 했어. 내 동생네는 배추만 다듬어가지고 제수씨가 양념 많이 넣고 맛있게 하려나봐.

2년 뒤에 먹으려고 뒤뜰에 김칫독을 묻어놨는데 제대로 가려나 모르겠어. 씀바귀는 내가 캐 와서 김치 하라고 하고 동치미는 하라고 했더니 안 했네. 며칠 있다가 인터넷 보고 하는 방법 알아서 내가 해야지.

요 며칠 동안 후배가 야채 가게를 하는데 얼마나 바빠하는지 내가 도와준다고 했더니 고맙다고 그러데. 다섯 번을 당진으로, 광천으로, 예산으로 배추, 무를 실어다 줬더니 피곤해. 저녁에는 근무도 서고 그랬더니 이틀만 더하면 될 것 같아.

이제 추운 날만 남았는데 더 춥기 전에 보일러 점검하고, 수도관 얼지 않겠나, 하수도 막히지 않겠나, 자동차도 월동 준비해야 되고. 추운 날 문제 있으면 더 고생하니깐 말이야. 그리고 우리 나이에 이젠 내의도 입어야 돼. 깡다구 부리다 큰일 나. 몸도 따뜻하게 해줘야 된대. 감기 조심하고 안녕.

앵두

부지런도 하셔라. 이 일 저 일 피곤을 무릅쓰고 봉사하느라 수고가 많습니다. 복 많이 받으세요.

알파

분화구님 나도 2년 뒤에 어떻게 김치 맛 보여주려나? 정말 부지런하고 열심히 사는 것 같아서 너무 좋다.

눈 깜짝할 사이
- 친구에게 · 8

어제 100년 만에 나한테 한 번 올까 말까 한 행운이 있었어. 무슨 이야기냐 하면 일요일 아침 후배가 그날도 바쁘다는 거야. 그래서 아침 7시 반쯤 해서 서해안 고속도로를 타고 무를 실으러 수원에서 서산으로 달리는데 당진 지나서 서산쪽으로 약 5킬로 지점 산중의 고속도로에 웬 피가 있는 거야.

그래서 직감적으로 옆을 보니 야생 멧돼지가 갓길에 죽어서 누워있는 거 있지. 세워서 주울까 말까 하는 사이 차는 몇 백 미터 지나쳤는데 거기서 뒤로 돌아갈 수는 없고 옆에 같이 간 형한테 다시 한 바퀴 돌아서 주워가자고 했더니 시간이 늦어서 그만두자는 거야. 그래서 그냥 지나쳤는데 가서 무 뽑으면서도 그 생각이 나는지. 횡재하는 건데 야생 멧돼지를 잡기도 힘들지만 잡아놓은 거 누가 그냥 줘? 오늘도 배추 실으러 그 길을 갔는데 없어진 거 있지? 누가 가져간 거지 뭐.

어제는 일요일에다 도로공사 순찰대가 쉬는 날이라 금방 안 치운 모양인데 그래서 밤에 야생 멧돼지가 나왔다가 치인 모양이야. 그리고 아침 일찍 우리가 발견했는데. 아이고 아까운 거. 돼지고기를 먹어? 멧돼지 고기가 백 번 낫지.

오늘도 하루 종일 그 생각이야. 백 년 만에 한 번. 아니 일평생 한 번 온 기회가 눈 깜짝할 사이에 고속도로에서 지나친 거야. 이런 기회 이젠 안 오겠지? 내가 150살은 살아야 될 테니까.

기다림의 행복

- 친구에게 · 9

이제 본격적으로 추위인가 봐. 어젯밤새 눈보라 치고 춥더니 새벽에 길에는 진눈깨비와 함께 얼어붙어서 운전 간신히 하고 집에 왔네. 집에 왔더니 마누라는 새벽부터 수영 가고 없어. 차에 히터가 고장이 났는지 안 들어와서 오면서 얼마나 추워서 떨었는지 몰라. 더운 물로 샤워를 해도 추위가 가시질 않아 이불 푹 뒤집어쓰고 11시까지 잤잖아?

한 열흘간 거의 쉬지 않고 후배 김장거리 실어다줬더니 무리했나봐. 비 오는 중에 신발이 빠지는 데서 이틀을 손으로, 외발 손수레로 1,200포기를 날랐으니 다리에 힘도 없고 기운도 없어. 그전 같으면 아무것도 아닌데.

내일은 초등학교 여자 친구 아들 결혼인데 거기 가면 용 무리들을 만나겠지? 남자용, 여자용, 쓸 用 자가 아니라 용 龍자. 한 40마리는 오려나? 아니면 추워서 30마리? 아무튼 만나면 술 한 잔에 수다 떨고 내일이 기다려지네.

추운데 따뜻하게 입고 눈길에서는 넘어질 예상을 하고 항상 손을 빼고 다녀. 주머니에 손 넣지 말고. 넘어지면 빨리 짚어야 하니깐. 장갑은 꼭 끼고. 알았어? 그래 그럼 잘 있어.

멋쟁이골퍼

에구, 선배님도 자상도 하시지. 어떤 친구 분인지 좋겠습니다. 전 오늘 다녀왔네요. 동창 딸 결혼식에요. 근데요, 친구가 슬며시 우는 게 나이 먹었구나 하는 생각이 듭디다.

용무리를 만난 날

- 친구에게 · 10

어제 초등학교 여자 친구의 아들 결혼식에 갔다 왔잖아. 얼마나 사람이 많은지. 나 그 친구와 인사도 못하고 왔어. 사람들이 줄로 30분을 서서 접수를 하는데, 친구 한 놈한테 여러 명 꺼 한꺼번에 주고 식당으로 갔지.

식당에 갔더니 아이들이 벌써 와 있더라. 용들은 30명은 넘게 왔나봐. 추운데도 그곳에서 수다 떨다가 어디서 놀다 갈까 어쩔까 하는 걸 보고 나는 근무가 있어서 먼저 왔지. 저녁에 6시경 전화를 했더니 원천유원지로 해서 광교로 해서 차 마시고 저녁 먹고 노래방 갈 참이라나? 대단들 하셔. 그놈의 용들은 만나면 헤어지기 싫어하니. 그건 전국이 다 그렇겠지? 부산이고, 수원이고, 대전이고, 목포고, 여수고, 대구고. 누가 갑자기 보면 고등학교 이름이냐고 하겠네.

모이면 어떻게나 좋아하는지. 한 번은 친구 엄마가 돌아가셨는데 문상 갔다가 늦게 노래방 가서 새벽 4시까지 놀다가 헤어진 적이 있어. 서울 친구들도 있는데, 그 여자 친구들 남편은 다 형님뻘 되는데 우리 남자들을 거의 다 알지. 내가 공장할 때 부부 동반으로 한 번 모셨었거든. 그러니까 이해를 하시는 편이야. 남자 아이들도 모두 신사고. 그런데 그 용 30여 마리 어제 늦게까지 놀았는지 잘 갔는지 몰라. 무소식이 희소식이라고 소식이 없으니 잘 갔겠지?

남강

정말 용들은 못 말린다. 우리 초딩들도 모였다하면 30명이 기본이다. 어쩜 우리 용들은 전국적으로 같은 모양이다. 우리 용들 파이팅이다.

멋쟁이골퍼

우리 초딩들도 그래요! 이쁜 친구들이 더 잘 놀아요. 만나면 늘 늦게 들어가는 게 제일로 걸리는 문제지만 항상 즐겁거든요. 그래도 항상 재밌어요. 분화구님, 광교며 원천이라면 수원인 것 같은데 담에 한 번 부르세요.

칡을 캐다

- 친구에게 · 11

반짝 며칠 춥더니 요즘 많이 풀렸네? 겨울 날씨치고는 더울 정도야. 모레는 비 온다나? 그래서 어제 나 날궂이 하려고 생전 안 하던 짓을 했나봐.

뭐 했냐고? 현장에 조금 일찍 갔지. 현장 바로 옆에 산언저리에 항상 봐도 칡이 많더라고. 그래서 옛날 칡뿌리 캐던 생각도 나고. 해도 조금 있고 해서 혼자 삽을 가지고 올라갔네. 그래도 큰 놈으로 캔다고 줄기 큰 것을 골라서 삽질을 시작했지. 처음 시작할 때는 금방 캘 것 같았는데 점점 깊어지면서 넓게 파야 되는 거야. 해는 떨어져서 어둡고, 개 사육장에서는 개소리들로 음산하고, 진흙 바닥이 된 사무실 정리는 해야 되겠고. 그래서 삽을 거기다 두고 내려왔지.

사무실 바닥 싹 정리하고 아무래도 안 되겠어. 조금만 파면 될 것 같아서 이번엔 플래시를 가지고 산에 올라간 거 있지. 밤 8시 내려올 땐 몰랐는데 다시 올라가려 하니깐 섬칫하대. 플래시 불 비추어가면서 더워서 윗도리 벗고 끝까지 파려고 하는데 도저히 안 되겠더라고. 밑동아리는 좀 굵은데. 눈물을 머금고 거기서 삽으로 끊었네.

암만 칡이 좋다고 생전 이 나이까지 밤중에 산에서 나 혼자 칡 캐보기는 처음이야. 아침에 집에 가서 집 앞 냇물에 흙을 다 씻고 오후에 다듬은 자투리로 칡차를 끓였더니 그 맛은 정말 끝내주드만. 맛과 향기와 캐느라고 힘들었던 생각이 조용히 스쳐가는데, 아는 사람만 알거야.

나 근래 들어서 이상한 짓을 많이 하는 것 같아. 그래도 맛은 안 간 것 같은데. 모르지. 간 사람이 갔다고 하나?

푸른솔

지금은 어려서보다 힘이 더 있으니 삽질도 더 쉽겠지. 또 옛날에는 칡을 하도 캐가서 그냥 파서는 맛도 못 봤지. 어쩌다 걸리면 남들이 못 찾은 거라 캐기가 난감한 곳에 있었지. 기억나네. 좋은 글 감사.

교통사고 후유증

- 친구에게 · 12

오랜만이네? 그동안 왜 소식이 없었냐고? 사는 게 맨날 그렇지 뭐. 저녁에 출근하고 가서 청소하고 컴퓨터 하다가 조금 자는 둥 마는 둥 하다가 아침 되면 집에 와서 자고. 안팎으로 정리하고 그렇지 뭐.

뭐가 그리 바쁜지. 어제는 정말 내 생에 처음 일을 겪었어. 무슨 일이냐고? 어제 현장에서 아침 일찍 퇴근하는데 집에 거의 다 와서 앞차가 갑자기 서는 거야. 나도 갑자기 서는 바람에 박을 뻔했어. 그래서 브레이크를 힘줘서 밟아 다행히 앞차를 박진 않았는데, 내 뒤를 따르던 버스가 내 차 뒤를 '쾅!'하고 박은 거야. 얼떨결에 이상하데? 정신을 가다듬고 내렸지. 물론 내 차는 화물차니깐 버스를 봤더니 많이 찌그러진 거야. 내 차도 깜빡이가 나가고, 문짝도 휘고, 어디서 그 새벽에 나타났는지 레커차가 잽싸게 나타나고.

버스 기사는 내려와서 미안하다고 하고. 자기도 갑자기 어쩔 수 없었다는 거지. 맨 앞차가 갑자기 서는 걸 보았다나? 그러면서 나한테 10만 원을 주려고 하면서 그걸로 고치고 다 하라는 거야. 그래서 내가 이 똥차 얼마나 가겠냐고 그만두고 내가 전화하겠노라고 하고 그냥 보냈지. 그리고 오후에 카센터에 가서 수리를 부탁하는데 약 7만 원이 나오는 거야. 카센터에 내가 잘못해서 그랬다고 하면 덜 받을 텐데 버스가 받아서 그랬다고 애초부터 그랬더니 더 받는 거 있지? 안 그랬으면 덜 받았을 텐데. 하여간 어디 가서든 남을 속여야 되나.

머리는 저녁때까지 멍한데 내일 아침이면 괜찮겠지 하고 그 기사한테 전화를 해서 이래저래 해서 7만 원만 부치라고 했어. 그리고 당부 한마디 했지. 뭐라고? 아저씨도 누가 받으면 덤터기 씌우지 말라고. 그랬더니 알았다고 하데. 그러면서 '머리는 어떻냐?'고 해서 '낫겠지요.' 했지.

나 지금 팔에도 충격이 갔는지 아프고, 허리도 조금 아픈 것 같아. 우리 마누라한테는 이야기도 안했는데. 알면 골치 아파. 이런 호구 있냐고. 운전하는 사람들 다 이랬으면 좋으련만…—.

아무튼 겨울철에는 항상 운전 조심해. 너무 욕심 부리지 말고. 안전거리 두고 새벽에 특히 천천히 간다고 누가 뭐라고 그러진 않으니깐. 특히 연말에 바쁠수록 양보 운전해. 음주운전 하지 말고.

이직

- 친구에게 · 13

크리스마스 잘 지냈어? 나도 조용하게 잘 지냈어. 저녁에 근무라 가족들과 같이 저녁 한 번 먹기 어렵고. 그래서 핑계 김에 조용하게 지냈지. 가족이래야 딸아이는 제 친구들하고 놀기 바쁘고, 아들놈은 군대 가있고. 있어봐야 동네 술귀신들인데 잘 됐지 뭐.

나 1월 2일부터 야간 경비도 그만두게 됐어. 뭔 일이냐고? 다른 게 아니고 그 전에 진천서 같이 있던 친구가 유통회사 전무로 가있는데 그곳 경리책임자가 그만둔다고 날더러 오라는 거야. 프랜차이즈 회사야. 며칠 전에 한 번 가봤는데 업무가 많은 것 같아. 그 일 해본지도 오래 됐는데, 잘 돌아가려나 모르겠네? 이제 마지막 직업이려니 하고 열심히 해야지. 집에서 차로 15분 거리니깐 여유 있고.

올해 나 많은 거 경험했어, 정말로. 1년에 몇 가지를 해봤는지 몰라. 그 전에는 13년을 한 직장에서 일했는데 올해는 유별난 것 같아. 진천에서 시스템 창문을 조립했지. 건설 자재 수선하는 데

갔었지. 영천에서 지질 조사 따라다녔지. 조그만 철강 회사 다니면서 캐드 배웠지. 공사 현장 경비하고 있지.

게다가 젤루 잘한 일은 컴 배워서 용마루 카페에 입당했지. 재미있는 친구들 만나고. 그래도 시간적 여유가 있어 용마루 컴에 들렀다가 수다도 떨고 글도 올렸었는데. 앞으로 시간이 주어지려나 모르겠네? 웃고 즐겁게 잘 지냈는데 자주 못 올 것 같아. 업무 이외에 시간 있을 때 자주 들러야지.

이제 밖에서 잘 일도 일주일 뿐. 잘 돼야 할 텐데. 잘되겠지, 뭐. 날씨 풀렸다고 감기 방심하지 마. 알았지?

강나루

나이 들어도 할 수 있는 일이 있다는 게 얼마나 행복한지 아는 사람만 알아요! 그만큼 정 들이기도 힘들지만. 새해에는 더욱 더 행복하시길!

새로운 직장
- 친구에게 · 14

나 요즘 왜 그리 바쁜지 몰라. 새해부터 새로운 직장에 나가려니 마음이 둥둥 떠 있고……. 직장에 가기 전에 밀린 일 정리하랴. 그리고 이 곳 현장 근처에 돼지감자, 칡뿌리마저 캐려니 마음도 바쁘고 몸도 바쁘고. 직장 나가면 한동안 손 댈 시간 없을 것 같아. 마무리하려니 시간이 없네.

그저께까지도 돼지감자 캐서 몸에 좋다고 하니까 이 집 저 집 드리고 아직도 드릴 집이 몇 군데 남았는데 시간이 없으니. 어제는 마누라가 새 직장 다닐 거라고 오랜만에 콤비 양복이랑 와이셔츠랑 넥타이랑 사주네. 돈 많이 벌어오라고. 친구지간인데 마누라라고 해도 괜찮지? 회사 다닐 때 입어보고 안 입었더니 무척 어색하대? 그전에 입던 옷들은 다 버렸으니 맞지도 않지만.

회사 처음 입사할 때 같이. 맨 처음 인사는 어떻게 해야 되고, 인간관계는 어떻게 해야 되고. 업무는 어디서부터 어디까지인지. 모든 게 다 새롭네. 30여 년 전에 회사에 처음 입사할 때 같이. 지금도 똑같은 거 있지?

남들은 마무리할 나이에 새로 입사를 하니 나도 뭐가 뭔지 모르겠어. 거꾸로 가고 있는 것 같아. 산을 2번씩이나 오르락내리락 하는 거 같기도 하고. 이제 또 산을 오르려고 하니 언제 또 내려와. 내려올 때 되면 나 영영 지구를 떠날 때 되겠지?

내일이면 올해도 마지막. 그러면 또 한 살 더 먹고. 추운 겨울이라 그런지 한 살 더 먹는다는 게 그전 같질 않아. 감성이 나만 그렇지도 않을 텐데 말이야. 어차피 만나는 세월 비켜갈 수도 없는 일. 현실에 충실하게 살아야지.

친구야, 올해도 좋은 일도 있었고 나쁜 일도 있었잖아? 좋은 일은 잘 잊는데 나쁜 일은 쉽게 못 잊잖아. 그래도 나쁜 일도 서서히 잊어줘. 그리고 새해에는 활기차게 건강을 챙겨. 건강을 잃으면 그나마 모든 걸 다 잃게 돼. 새해에는 우리 다시 한 번 해보자고. 나도 한 번 해볼 테니. 돼지해에 돼지같이 근심걱정 떨쳐보자고. 또 못 받아본 복도 많이 받아보자고.

본드걸

우리 나이에 새 직장이 생겼다면 그건 분명 축하받아 마땅하지요. 부지런한 친구라 복 받았나봐. 친구! 새해에도 변함없는 좋은 글 볼 수 있게 해줄 거지?

멋쟁이골퍼

알았다. 님도 그동안 못 받은 복 내년부턴 많이많이, 더 많이 받을 거구만. 우리 나이에 직장 취업 너무 신나는 일이다. 좋은 일만 있을 것이구만. 건강해.

좋은 인연

- 친구에게 · 15

작심삼일. 마음먹은 게 3일 가면 잘 가는 거라고? 며칠 전 내가 이야기했잖아. 새해부터는 술 좀 끊어야 되겠다고. 그게 말이 쉽지. 올해 새벽부터 망가진 거 있지? 왜냐고? 오늘 새벽에 후배놈이 내가 근무하는 곳에 새벽같이 온 거야. 형님이 이곳에 근무하는 것도 마지막이라는데. 송별식 겸 신년회 하자고 그러면서 최고의 안주를 가져왔대나 뭐래나…… 새벽 6시에 소주도 가져오고. 안주를 열어보니 고기를 떠서 왔는데 멧돼지 고긴가, 노루고긴가, 꿩 고긴가 분간을 못 하겠더라고. 그놈이 워낙 개고기를 좋아해서 "그럼 개고기냐?"했더니 "형님! 개고기 육회로 먹는 사람 있어요?"하는 거야. 그거야 나는 모르지. 내가 안 먹으니.

알고 봤더니 말고기라는 거 있지. 말고기를 육회로 떠가지고. 나… 왜 그래? 자꾸만 생전 처음 닥쳐보는 게 많네. 1년 사이에… 후배 처남이 제주도에 사는데, 어제 대한항공편으로 고기를 떠서 비행기로 붙였다나! 그래서 어제 저녁 10시 넘어서 김포공항에 가서 찾아왔대. 그리고 저녁에 소주 한 잔하고 아침에 형님

드리려고 가져왔다는 거 있지.

얼마나 고마운지 새해 새벽부터 처음이라 이상하기도 했지만 맛은 부드럽고 좋더라고. 그 좋은 안주 보고 두꺼비 안 먹을 놈 있어? 두꺼비 두 살짜리 2마리 잡아왔길래 둘이서 한 마리씩 먹고 술이 올라오기 전 집에 왔지. 물론 몇 점 마누라 주려고 싸가지고 왔지만 집에 와서 또 그 말고기에 포도주 한 병, 그리고 다운. 일어나니깐 2시 또 출근할 시간이. 그래서 출근했는데, 동네 형이랑 내 동생이 내가 근무하는 게 오늘이 마지막이라고 돼지 머릿고기 사가지고 택시 타고 여기까지 온 거 있지. 위문공연차 온다고 해서 오지 말라고 극구 말렸지. 내일부터 나 새로 근무니깐 안 오는 게 부주하는 거라고 했더니 막무가내로 온 거야. 한 잔씩 하고 보냈는데 잘 갔는지 몰라.

새해부터 술 끊으려고 마음먹었는데 웬걸, 다른 때보다 더했으니. 작심삼일. 새해 첫 날부터, 아니 새벽부터 망가졌어. 이러면 안 되는데. 나 귀신들 잘못 만났나봐.^^

사는 맛

- 친구에게 · 16

정말 오랜만이네. 그동안 잘 있었어? 감기 안 걸리고?

나 요즘 일해가면서 업무 파악하느라 바빴어. 이제 겨우 정리 좀 해가려고 하는데, 오늘부터 세무 조사야. 일은 해야 되는데. 감사 자료 뽑으려면 죽을 맛이구만. 그 전 사람들이 해놓은 거는 다 수정을 해야 할 판인데. 자료가 제대로 나올 리가.

그전부터 내가 새로 들어가는 데는 꼭 사람이 갑자기 그만둬서. 아니면 결산 기간 요번엔 사람도 그만 둔데다 세무 감사까지 들어간 지 15일 됐는데, 나 어떻게 해.

오늘은 또 퇴근할 무렵 그 전에 컴 어렵게 배우며 다니던 철강 회사에서 사장님이 나 취직했는지도 모르고 다시 와서 도와달라는 거 있지. 마음이야 찾아줘서 고맙긴 한데, 미안하다고 할 수밖에.

계속 야근했더니 어제는 차 안에서 졸아서 한 정거장 더 가서 내렸지 뭐야. 마누라한테는 얘기도 못하고 호구소리 들을까봐. 그러니 이래저래 컴만 가끔 살짝 들리고 그랬더니 우리 친구 하나가 나 보고 싶다나? 저번에 냄새나는 시한폭탄 터뜨렸다고 그랬더니 시한폭탄에 맞아서 날아갔는 줄 알았나봐. 더러워도 사는 게 뭔지. 며칠 있다가 안아줬더니. 모르지 뭐. 요번엔 어디로 튈지.

그래도 여기저기서 날 찾아주는 이 있으니 이 맛에 사는 건지도 모르지. 나도 표현을 할 줄 몰라서 그렇지 다 궁금하고 보고 싶고 그래. 자주는 못 들려도 마음속은 항상 있으니까 너무 걱정하지마.

날씨 풀렸다고 너무 해이하면 안 돼. 감기 조심하고, 양보 운전하고. 오늘도 늦었어. 좋은 꿈꾸고, 안녕.

멋쟁이골퍼

안녕. 대충 일머리는 찾았나보군. 감사 대비하려는 폼새가. 많은 친구들이 분화구 친구를 옆에서 지키니 뭔 일이든 열심히 하게나. 우리들 마음에도 친구가 항상 있다네. 건강해. 잘 자.

시버그

바쁜 게 좋은 거여. 세무 조사 준비는 원래 완벽하게 하는 게 아냐? 적당한 금액만큼 원래 펑크를 내는 거여. 그렇지 않으면 나올 때까지 뒤지는 게 세무 조사거든. 요즘은 전산으로 이미 어느 정도 파악하고 왔기 때문에 알았지.(그런데 이런 말 여기다 써도 되는지 모르겠다.

이해와 사랑

- 친구에게 · 17

오랜만이네? 뭐가 그리 바쁜지 소식도 못 전하고. 아침부터 저녁까지 시간이 어떻게 빨리 가는지. 며칠 있으면 금방 설이네.

바쁜 회사 이야기는 그만두고. 요즘 그래도 춥지 않아 회사 다니기는 괜찮아. 3일전 개 차우차우가 새끼를 낳아서 토요일이라 일찍 집에 왔더니, 마누라가 날랐네.

원주 어디 절에. 제 친구하고 일 보러 갔대나. 뻔하지 뭐. 땡중한테 점 보러 갔겠지. 열 받아 포도주 한 잔 했지. 뭐가 그리 앞일 내다볼게 많고 궁금한 게 많은지. 얼마나 더 산다고. 뭘 더 가지려고. 새끼 난 개밥이나 잘 주고 다니지.

나 오늘도 이렇게 살아. 살아있는 럭비공인지, 시한폭탄인지 하고. 아이고.

이장

멋있잖아요. 어디 믿는 데가 있고 의지하는 데가 있으면 힘이 되지요. 믿지 않는 분화구님 회사 열심히 다니시고, 개밥 잘 주세요. 옆지기가 스님에게 물어서 로또 맞아올지 누가 압니까. 후원자가 되세요.

부부싸움은 칼로 물베기

- 친구에게 · 18

어제 우리 마누라 개밥도 안 주고 강원도 산골에 절로 일 보러 갔다고 그랬잖아. 그러면 그렇지 그 땡중한테 여자들 몇 명이서 점을 보고 왔나봐. 집에 9시에 왔는데 한마디 하니까 지가 더 지랄이야. 바람 빠진 풍선처럼.

그래서 뭘 봤냐고 했더니 우리 식구 다 봤대나? 다 올해 운이 좋다고 그러더래. 좋다고 그래야 돈 한 푼 나올 테니 뻔한 거지 뭐. 그러게 우리 마누라 어수룩하긴.

그래서 내가 "그럼 그 스님도 다른 데 가서 점을 보라고 그러지."라면서 "자기 그렇게 살지 말고 돈 많이 벌게 해달라고 해!" 했더니 나하곤 말이 안 통한대.

나 어제저녁 또 참았지. 터뜨려봐야 냄새만 날 것 같아서.

용마루 6주년 정기모임

- 친구에게 · 19

오랜만이야. 서울을 오랜만에 다녀보니 아침마다 웬 사람들이 그렇게 바쁘게 다니는지. 요즘 젊은이들이 더 바쁜 것 같고, 활기차게 보이고. 나 직장 다닐 때보다 더 부지런한 것 같아. 살려고 열심히 하고, 무슨 일이든 하려고 하고. 그런 젊은이들 보면 고맙고 안쓰럽고. 나는 거저 자란 것 같은데.

오늘은 토요일인데 우리 용마루 친구들 서울서 6주년 정기모임이래. 부산서도 온다, 여수에서도 온다 하는데 서울 직장에 있으면서도 못 가니. 암만 생각해도 도리가 아닌 걸 어떻게 해. 이해하겠지?

저녁에 대신 막걸리 한 잔하고 컴에 들어왔으니. 마음은 그곳에 가있고. 몸은 용방에서 혼자서 집 지키고 있으니. 나 같은 놈이라도 있으니 다행이지 뭐. 다들 약장사 구경 갔는데, 집에 도둑맞으면 어떻게 하라고. 나 혼자라도 지켜야지.

지금쯤 신나게 놀겠지? 그래도 멋쟁이골퍼가 위로 전화가 왔대. 고맙고. 그곳에서 잘 놀아주는 친구들도 또한 고맙고. 끝까지 재미있고 즐거운 시간되길 빌며, 집 안방까지 무사히 도착했으면 좋겠어.

날씨 풀어진대. 감기 조심하고. 다음에 소식 전할게. 안녕.

멋쟁이골퍼

이그 친구야, 속사정이 있어 못 오고 멋진 화환만 보내는 맘을. 보고 싶은 마음에 건드린 게 아닌가? 친구의 추측대로 재밌게 잘 놀고 많은 친구들과 서로 상견례도 했다네. 2차까지 대장과 부대장들의 배려로 잘 보내고 왔네. 조금 한가해지면 전화 줘. 저녁이라도 함께 하도록 기획 줘라.

팔자타령

- 친구에게 · 20

어제 아침에 회사에 다른 때보다 일찍 나가느라고 새벽에 현관문을 나서는데 새장에 새 모이가 없는 거라. 그래서 마누라한테 '새 모이 좀 주라'고 했더니 알았다고 하데. 그리고 마음 놓고 용마루라고 친구 생일 모임에 갔다가 늦게 집에 와 모이를 줬겠거니 하고 확인도 안하고 잤네.

오늘 아침 출근하면서 새장을 보니 물도 바닥에 조금 있고 모이는 아예 없고. 그래서 어제 "모이 안 줬지?"하고 큰소리로 그랬더니 줬다고 하잖아. 그런데 새가 그 전 같질 않아. 모이 주면 반갑다고 나와서 돌아다닐 텐데 그렇거니 하고 모이를 주고서 오늘 회사에 갔다 왔겠다. 집에 들어서자마자 새장을 보니 새가 없네? 열 받아……, 그래서 '새 어디 갔냐?'고 했더니 '얼어서 죽었다'나! 하하, 웃어야지. 아이고, 참. 그래서 어제 물도 모이도 안 줘서 죽었지 않았냐고 조목조목 따졌더니. 그 폭탄 또 냄새 풍기는 거 있지?

친구야, 나 이렇게 살아. 새나 나나 팔자지 뭐.

3부

도란도란 스토리

일기를 시작하다

- 일기 · 1

오랜만에 일기를 써본다. 군대 훈련소에서 쓰다가 걸려서 뒤지게 맞고, 단체 기합 받고, 장가가고 마누라한테 보너스 200% 탄 걸 100% 탔다고 거짓말하고 걸려서 일기를 안 쓴지 25년…….

오늘 왠지 용마루 친구들한테 잘 쓰지는 못하지만 써 보이고 싶다. 며칠 안 된 새내기지만 마음은 몇 년 된 것 같은 기분이다. 좋은 현상이겠지? ㅎㅎ, 그저께 초등학교 동창 용 27마리가 삼천포로 봄나들이를 가서 소주를 있는 대로 다 먹고, 어제 또 해장하고, 그래서인지 오늘 아침에 더 일찍 일어났나 보다.

햇살이 밝고 공기도 좋다. 공장 옆 개들은 개밥 달라고 아우성이다. 배나무에 배꽃은 오늘따라 유난히도 흰 빛을 낸다. 아마 오늘 좋은 일이 있겠지? 하고 기대를 건다. 일을 시작하고 몇 시간, 오 마이 갓. 이럴 땐 “아, 예.”하는 건가? 용마루방 친구들이 새내기 모임이라고 아름다운 목소리로 초대를 한다. 그야말로 얼마나 오랜만에 들어보는 아가씨들 목소리인가. 지금도 생각하면 얼마나 좋던지. 아주 그냥 뿅 갔다.

그러나 바지를 붙잡고 매달려도 갈 수 없는 이 처지, 팔자, 그 아리따운 목소리들을 뒤로 두고 눈물을 흘리고 뒤돌아서야 하는 이 마음은 누가 알까. 그야말로 19 청춘을 빼고 36년 만에 처음 돌아온 건데, 로또 복권도 이만큼의 확률이 안 될 것이다. 오늘은 하루 온종일 가슴 설레게 한 날이라 딴 생각도 안 난다. 집에 마누라한테 하루에 한 번 전화하는 것도 잊었다. 결국은 마누라가 늦게 전화 왔지만. 마누라가 전화와도 마음은 딴 데가 있으니, 나 오늘 미쳤었나봐. 용마루 여인네들 때문에…….

이 일기 보시고 또 전화하시면 안 돼요. 나 정말 미쳐요. 미치면 늑대 같은 우리 마누라 불쌍해. 사람이 늙으면 애들 된다더니 나에게는 벌써 사춘기가 돌아오려나 보다. 사춘기 지나면 그 다음엔 가나, 누군 안 가나 지구를 떠나가겠지. 인생이란 짧은 걸 오늘도 해는 지고 날이 저문다. 여러분 모두 좋은 꿈꾸시고 건강하시길.

지혜

참 재미있는 일기를 보았습니다. 종종 기대합니다. 새내기 글에서 15병참 이야기에 무궁무진한 에피소드가 있을 듯 했습니다. 그런데 일기를 써서 올렸길래, 흠! 요즘 일기를 쓰는 남자도 있군, 했는데 한참 웃고 갑니다. 그리고 너무 멋지네요.

로또를 사다

- 일기 · 2

일기란? 매일매일 기록하는 걸로 알고 있는데, 사는 게 뭐가 그리 바쁜지. 술에, 뭐에 망가지면 잘되지 않는 일이다. 그래도 용마루 친구들이 분화구의 일상생활이 궁금해할까 해서 일기를 공개하는데, 어떠할지 모르겠다.

일단은 금요일 이야기를 써 보자. 아침 자고 있는데 어디서 포클레인이 땅 두드리며 공사하는 소리 같아 그 소리에 잠을 깼다. 그 소리는 멀리서 들리다가 가까운 데서 들리다가 해서 밖에 나가봤더니 55년 만에 처음 보는 딱따구리였다. 딱따구리가 전봇대 맨 위에 원뿔같이 생긴 맨 꼭대기에서 강한 부리로 철판을 쪼는 소리였다.

세상에, 도무지 이해가 안 간다. 철판을 두드리는 소리가 그렇게 크면 그 부리는 망치보다 더 단단할 것 같은 게, 그리고 다른 데로 날아갔다. 그러더니 참새 수십 마리가 떼를 지어서 날아간다. 이건 분명 길조다. 55년 만에. 그래서 있는 돈 없는 돈 다 털어서 점심시간에 로또를 샀다. 혹시 누가 알아 1등 되기만 하면 용마루 친구들 수원으로 콜택시 대절시켜서 마음껏 즐기게 하고 차비 주고, 용돈 주고……. 그러려고 샀다.

기대를 걸고 오늘 저녁에 맞춰 봤더니 다 '꽝'이다. 그러면 그렇지. 내가 하는 일이 길조는 무슨 길조, 아침잠 깨운 새가 길조냐? 괜히 만 원만 버렸다. 새 때문에, 딱따구리 때문에, 55년 만에 망가진 날이었다. 여러분 죄송, 컴맹이라.

앵두

새내기 분화구님! 뵌 적은 없지만 친구의 하루일과를 같이 한 듯이 재미있는 글로 만드셨군요. 친구같이 순수한 사람에게 로또 당첨되었으면 우리 모두 포식할 뻔했는데, 재미있는 글 잘 보고 갑니다. 자주 볼 수 있는 기회 주시길

지혜

살아가는 냄새가 폴폴 납니다. 간혹 꿈을 꾸고 나서 기분이 좋아지면 횡재수가 있으려나 하는 기대로 한두 번 로또를 산 적이 있지요. 물론 꽝이지만 그 설레는 기분은 돈에 비할 바가 아니거든요. 참 잘하셨습니다. 그리고 간혹 그런 꿈 때문에 살아가야 할 이유가 되기도.

꿈

- 일기 · 3

어제, 거래처 A/S가 있어서 수원 집에 올라갔다. 오랜만에 술을 조금 마시기로 하고 꼬불쳐두었던 복분자 술을 마누라와 두 잔 먹고 잤다.

'일기가 전날 저녁부터 이어지는 일기가 어디 있어? 그지요?'

오늘 아침에 또 잠을 설쳤다. 왜 꿈꾸다가 깼다. 꿈에 내가 어디를 가는데 먼 산꼭대기에서 독가스 경보를 울린다. 체르노빌 원자력 방사능 사고 같은. 그래도 나는 계속 갔다. 가다보니 죽은 사람도 있고 아기들도 있고, 조금 이따가 나도 죽고 그러다 깼다.

이상한 일이다. 죽은 줄 알았는데 살았으니, 그야말로 길몽인가 흉몽인가. 아침에 진천으로 출근하면서 내내 그 생각이다. 그러면 또 로또 복권을 사야 되나 말아야 되나 공장에서 오전 내내 생각을 해봐도 내가 죽었으니 길몽 아니겠는가. 그래서 또 로또 복권을 샀다. 진천군 덕산면에서 저번에 미친 딱따구리 때문에 산 로또도 이곳이다. 오늘은 사면서 아줌마한테 확실한 걸로 달라고 했다. 번호는 나도 모른다. 아줌마가 주는 즉시 반으로 접어서 주머니에 넣었다.

다음 주에 맞춰보는데 되려나? 용마루님들도 되길 바라는 친구들이 많은데 로또가 되어서 빚을 다 갚아줬으면 좋겠다. 마누라도 조금 주고. 오늘도 이 생각하다 날 다 샜다. 잘 시간 되었다는 얘기다.

여러분도 좋은 꿈꾸시고 꿈 해몽도 해주시고 로또 될 것 같다고 하시면, 꼬리 글 달아주세요. 고맙습니다.

개에게 물릴 뻔하다

- 일기 · 4

요 며칠간 술 먹는 것도 바쁘고, 일도 바쁘고 컴도 고장인지 안 되고. 나의 일기를 찾아주시는 독자께 심심한 사죄를 드린다. 앞으로 이런 사고가 안 나기를…….

이제 이른 아침 진천 공장 빈터에 호박 심은데 풀을 매고 있는데 차우차우와 말라뮤트 강아지들이 반긴다. 그래서 그놈들 맨날 밥 달라고 반기는 줄 알고 호박 심은데 풀을 맸다. 풀을 다 맬 쯤 개소리가 이상하다. 가까이 가봤더니 줄이 엉겨 붙어 한 마리가 금방 죽을 지경이다. 깜짝 놀라 끈을 풀어주려고 하다가 다 죽어가는 개한테 박살나게 물릴 뻔했다. 깜짝 놀랐다. 장갑을 꼈었으니까 망정이지, 물렸었더라면 나는 그야말로 손가락 다 잘리고 긴급 후송. 컴은 생각지도 못하고 정말 아찔했다.

오전에 일을 하면서 아찔했던 그 생각인데, 10시쯤 마누라한테서 전화가 왔다. 다짜고짜 기분이 나쁘단다. 왜냐고 물으니 한의원에 전날 가서 침을 맞았는데 침 맞을 때 엎어져있는데 한의사가 목걸이를 풀었단다. 그것도 모르고 하루 온종일 돌아다니니다

저녁에 세수하면서 보니깐 목걸이가 없단다. 값이 나가는 금목걸이인데…….

그래서 아침 일찍 갔더니 목걸이가 없단다. 우리 마누라 건망증이 심하다. 내 친구 52년 용띠 여자, 초등학교 동창들은 전화 받다가 전화기를 냉동실에 집어넣고, 전화기를 찾았다는 것보다는 심한 것 같지는 않은데. 그래서 아무 소리 하지 말라고 했다. 네가 챙겨야지 누굴 원망하느냐고 했다.

조금 이따 마누라에게 아침에 개 이야기를 했다. 나 개한테 물렸으면 되질 뻔했다고, 액땜한 셈 치라고. 분명 액땜이다. 내게 맨날 뭐 좋은 일이 있을라구, 에구……, 오늘도 밤은 깊었다.

지혜

낄낄낄, 뮤자게 정리 안 된 분화구님 글 읽고 한참 웃다 갑니다. 초딩 여자 친구가 전화 받다가 전화기를 냉동실로, 뼈아픈 현실이거들랑요. 근데 그만하기가 다행이네요. 액땜한 셈 치세요.

그래도 여섯 마리의 개를 돌보다

- 일기 · 5

오늘 집에 가는 날이다. 내일 격주 연휴라 집에 가야 되는데 못 간다. 왜? 개 때문이다. '무슨 개?'라고 하실는지 몰라도, 짖는 개다.

집이 수원인데 거리가 만만하지 않다. 암만 개라고 쳐도 이틀씩 굶길 수는 없다. 배고픈 거는 사람보다 더하다. 개네들은 뭐가 낙인가! 먹고 자는 것뿐이다.

그래서 오늘 혼자만 집에도 못 가고 개 때문에 숙직이다. 나는 막걸리로 때우고……. 기가 막힌다. 개 때문에, 사랑스런. 그래도 늑대 같은 마누라 옆에서 잠도 잘 수도 없으니, 이 분화구는 개 때문에 시달린다. 이곳 공장에 개가 여섯 마리 있다. 풍산개, 말라뮤트·1, 말라뮤트·2, 차우차우, 똥개, 말라뮤트·3. 그러니 여섯 놈들을 이틀씩 굶길 수 있는가. 집에 가 봐도 개다. 우리 마누라도 58년 개띠, 우리 딸도 82년 개띠다.

며칠 전에 개한테 물릴 뻔했는데, 나는 왜 그렇지? 개한테 시달린다. 개고기를 먹으면 죗값을 해서 그런다지만 개고기는 전혀 안 먹는다. 우리 조상 때부터 어른이 못 먹게 한다. 그래서 우리 집안에서 안 먹는다. 불교는 아닌데, 해마다 복날이면 개 때문에 시달렸다. 꼭 그때가 되면 왜 개새끼가 새끼를 낳는지…….

삼복더위에, 개 때문에 시달렸다. 오늘내일 풍순이가 새끼를 낳을 모양이다. 또 개새끼 때문에 시달리려나? 그렇다고 이 분화구, 개장사는 아니다. 새끼 낳아서 달라는 사람은 다 준다. 선착순. 주사 다주고 회충약 다주고. 그래서 우리 마누라가 날더러 호구란다. 한마디로 또라이. 그래도 좋다. 난 아직 안 갔으니까. 이렇게 살다 가지 뭐, 어차피 빈손으로 온 건데.

* 여러분, 제가 컴맹에서 여기까지 온 것은 큰 혁명입니다. 그동안 읽기 어려우셨다면 여러분 죄송했습니다. 이렇게 된 동기는 저를 어여삐 여기어 수원 사시는 로사님의 가르침 덕분이었습니다. 앞으로도 여러분의 많은 지도 있으시면 정중하게, 감사하게 공부하겠습니다. 고맙습니다.

해피

아고 이제야 글이 제대로 잘되셨습니다. 잼나네요, 개도 비싼 개들로만 기르시네요. 개 좋지요 저도 개 좋아합니다. 혹여 이름 중에 해피는 없겠쥬?

고운이

개를 사랑하시는 분이 여기 또 계시네요. 저도 개 때문에 집에서 어디 여행을 가보지를 못합니다. 우리 집에도 말라뮤트 두 마리, 진돗개 한 마리, 골든 한 마리. 총 네 마리를 키우거든요. 그래도 마눌 옆에는 가봐야지유.

바쁜 것도 팔자일까!

- 일기 · 6

그저께 빈속에 막걸리 큰 거 한 병 다 먹고 잤더니 아침에 6시도 안 돼서 일어났다. 냉수 한 컵 마시고 호박을 몇 군데 더 심고, 공장 화장실을 청소를 싹하고, 뽕잎 두릅, 씀바귀, 쑥 등 나물을 심고 나니 9시가 거의 다된다.

후배 놈이 숯가마에서 숯을 사다 달라고 해서 숯을 사가지고 집에 오니 12시다. 집에 오니 친구 놈이 지네 벽난로에 쓸 통나무를 실어달란다. 실어다줬다.

작년에 조그맣고 까만 찰옥수수 씨가 조금 있길래 친구한테 가져다줄까 하고 전화를 했더니 달라고 한다. 그래서 가져다줬다. 갔더니 그곳에 초등학교 후배가 있다. 나에게 막걸리를 사달라고 해서 후배에게 막걸리 2병을 사줬다.

오다가 친구네 하우스 광교에 들러 아이스크림 5개를 사다줬다. 저녁에 내 동생과 친척 동생이 와서 술을 박살나게 먹었다. 그래서 아침에 목이 말라서 일찍 일어나 해장국을 먹었다. 반만 먹었다. 뱃속에서 조금만 먹으란다. 그리고 집에 와서 화단을 정리하고, 화분을 만들고, 방을 청소하고, 게다 즉 나막신 2개를 만들고, 동네 형이 와 또 술을 한 잔하고 이제야 일기를 쓰는 시간이다.

나 왜 이렇게 바빠? 이틀 놀아도 논 게 없네? 팔자지 뭐.

* 용마루 친구들도 좋은 꿈 꾸길…….

야생초

(ㅎㅎㅎ) 귀엽다.(미안하지만 귀엽단 생각이 들었다.)

나도 오늘 오전에 로사하고 전화하면서 찜방이나 갈까 했는데 내친김에 온천에 다녀왔다. 술 한 잔 했다. 나도 일기 끝.

앵두

누구나 바쁘게 살아요.
표현을 안 했을뿐.
군대 여름에 호박죽도 끓여주실 거죠? ㅎㅎ

마로키키

참 부지런하신 분화구님이군요. 활화산의 분화구…….
무엇이든 정열적으로 하시는 모습이 좋습니다.

돈이 기가 막혀

- 일기 · 7

아침 새벽부터 진천에 또 왔다. 일하려고, 돈 벌려고. 돈? 참 기가 막히는 얘기다. 돈 이야기하기 전에 분화구의 일상생활은 거의 똑같다. 아침 8시 반에 시작해서 수요일 빼고 밤 9시까지 하는 일은 시스템 창문 조립 과정이다. 시급 5천 원 정도 일급이면 6만 원 정도 되려나?

참! 돈 이야기해야지. 기가 막혀.

분화구가 직장을 다니다 사업을 차려 잘 나갈 때는 베트남 아이들 몇 명 두고 IMF 이전에 하루에 120만 원도 벌었었다. 아이템도 전국에서 하나, 물론 특허 출원도 했었고. 별거는 아니지만, 지금 이러저러해서 공장 일을 한다. 그래도 이 몸이 '봄날은 갔나?'를 되새기면 옛날을 되새겨본다. 왜 그랬을까. 놀음도 아니다. 술 문제도 아니다. 누구 뚜드려 패거나, 사고를 쳤거나. 아니다. 여자관계? 그건 더더욱 아니다. 여태껏 나쁜 짓 하면서 외박한 것 없었다. 그러면 무엇 때문에.

그것은 바로 뒷장이 안 붙어서 그랬다, 순전히……. 고스톱을

쳐도 뒷장이 붙어야 돈을 따지, 뒷장이 안 붙으면 논, 밭, 집 다 팔고 영창에 가는 수밖에. 왜 내가 주식 사면 사는 날부터 떨어져. 팔면 왜 파는 날부터 올라. 땅 사면 왜 사기를 맞아. 이게 무슨 하늘의 조화지, 왜 나만 그래. 그래서 어차피 빈손인데 뭐 팔자지, 뭐 하면서 욕심 버리기로 했다.

그런데 요즘 혹시나 하는 마음에 좋은 꿈이라던가, 좋은 상황을 보면 로또 사고 싶은 마음은 그래도 욕심은 많은가봐.

오늘도 마누라는 혼자 자겠지? 딸내미는 직장 다녀왔겠지? 나 이렇게 살아요.

친구들 욕심 부리면 나 같이 돼요. 그래도 좋은 꿈 꾸길.

스승의 날, 맛이 간 분화구.

불효자는 웁니다

- 일기 · 8

어제도 그랬지만 오늘도 6시 정도 일어나 공장 울타리에 심어 놓은 배나무에 진딧물 약을 치고, 풀 좀 베고, 개밥 주고……. 아침에 나만 보면 개들은 합창을 한다. 개밥 달라고. 많이 줘도 그런다. 얼마큼 많이 줘야 조용하나 하고 어떨 땐 엄청나게 주면 영양 과용인지 소화를 못 시킨다. 나 별거 다 가지고 신경 쓰네.

아침나절에 일을 하다 보니까 날씨가 따뜻하다. 공장 앞 논에는 콤바인으로 모내기가 한창이다. 옛날 이맘때쯤이면 엄마가 아프다고 말했다. 작은누나 낳고 몸조리를 못해 해마다 이때쯤이면 많이 아파하셨다.

그때 나는 도무지 이해를 못했다. 어떡해 음력 이맘때쯤이면 틀림없이 아프셨다. 지금에 와서는 이해할 것 같으니…….

내일 아버지 생신이시다. 물론 돌아가셨지만 생신은 맞다. 내가 군대 제대하고 이듬해 돌아가셨다. 그때, 아버지 생신날 생일밥을 잡수고 논에 가서 벼 심고 밤에 작은누나를 낳았다고 한다.

이 불효자식 사춘기 때는 부모한테 틱틱대고, 말도 안 듣고,

내 맘대로 하려고 하고 그랬다. 군대에 가서도 3년 동안 편지를 한 번밖에 안 썼다. 물론 출장은 많이 다녔지만, 그렇다고 집에 와서 돈은 안 썼다. 그때는 출장비가 많이 나와 그걸로 쓰고 다니고, 대학생인 친구들 술 사주고 그랬었다.

저번 일기에서도 언급했지만 부동산 사기단에게 집터를 사기 맞아 되찾으려고 대법원을 두 번이나 다녀왔다. 한 번은 지고, 나중에 이겼다. 평생 처음 은행 대출을 일부 받아서 작년에 이층 집을 올렸다. 옛날 슬레이트집보다는 훨씬 낫다.

나은 집에 부모님 초상화를 올려드리려도, 불효자식이라 부모님 뵙기가 송구스러워 아직까지 집 구경을 못해 드렸다. 그래도 한쪽 마음은 집 구경을 시켜드려야 하는데 용기가 안 난다. 너무나 불효해서…….

저녁에 집에 와서 밀린 빨래를 가지고 와서 새 것으로 갈아입으려고 한다. 그래도 집이 좋네. 여우같은 마누라에게 안 잡혀 먹으면, 내일 또 진천으로 내려가야 한다.

여러분 좋은 꿈 꾸시길.

살아서 진천, 죽어서 용인!

- 일기 · 9

어제 나는 여우에게 잡아 먹혔다.

어, 눈을 뜨니 죽은 줄 알았던 내가 살았네? 눈 뜨자마자 밥 한 그릇 떠먹고 여우 굴을 빠져나왔다.

이쁜 여우ㅎㅎㅎ.

그리고 살아 있으니 또 진천에 가야 한다. 사람이 살아서는 진천, 죽어서는 용인이라 하는데 나는 행운인지 불행인지 뻔질나게 진천을 오간다. 죽으면 용인으로 가려나? 그렇다고 용인이 다 죽은 사람만 가는 데는 아니다. 괜히 용인 사람들 들으면 존심 상할 텐데,

지금 용인은 전국에서 제일가는 부자 시다. 하늘은 알 것이다. 요새 말로 하면 부채 비율이 제로다. 내가 10년 전에 용인 수지에서 임대 내서 공장 할 때, 그 옆에 땅이 평당 30만 원 해서 약 100여 평을 사려고 했는데, 마누라가 땅 모양이 안 좋다고 튕기는 바람에 못 샀다. 3년 후에 300만 원이 됐던 곳, 내가 이렇게 브레이크가 걸리니 원……. 다음에 가니깐 다른 사람이 그 땅 사

가지고 근사하게 집을 지어 놓은 것을 보고 마누라 열 받았지. 그건 그렇고.

오늘은 5.18 광주민주화운동 기념일이다. 전두환이 그 일당들과 함께 불법으로 민생을 살상하던 날이다. 어떻게 됐던 간에 참 잘못된 역사다. 지금 그 사람 해먹은 게 얼마고, 안 내놓은 게 얼마인지. 그 사람이 잡혀가던 날 나는 우리 아들과 목욕탕에 가면서 내가 아들한테 "야, 그 사람보다 우리가 낫잖아. 우리는 목욕탕 가는데 그 사람은 교도소 가고, 그치?" 그랬더니 아들이 "예."했었다.

그 사람 생명도 길고 돈도 아껴 써, 29만 원밖에 없었다고 한 지가 언젠데 여태 거지 됐다는 말은 없다. 우리네 같으면 한 달도 못 쓸 텐데, 뭐가 잘못돼도 한참 잘못됐지.

이 나라 경제학자들은 뭘 연구해, 어떻게 하면 이렇게 사나. 연구해서 백성들에게 가르쳐줄 생각은 안하고, 나도 5.18묘역에 우연히 갈 기회가 있어 영령들께 위로를 드린 적이 있지. 하늘은 결코 용서 못할걸? 잘나가다 전 뭐시기 땜에 열 받았네.

오늘부터 지방선거운동 개시일이다. 우리 마누라 아침 6시부터 어깨띠 두르고 출근이다. 이유인즉슨 조카딸 시아버지가 시의원에 출마 중이다. 그래서 동네에서 53년이나 오래 살았다고 도와달라고 한다. 그래서 어쩔 수 없이 도와드리는데 힘이 드는 모양이다. 아침도 못 먹고 밥 차려주고 나갔길래 내가 먹고 내가 치웠다. 아무리 여우 같아도 그럴 때는 양 같아 보인다. 그럼 난 여우 새끼가 됐나?

분화구

오늘부터 궁금한 분 답변 올리겠습니다. 애프터 서비스 차원에서.

선인장님. 서로 잡혔어요 / 로사님. 행복하긴요, 잠 잘 데 없으니깐 기어들어가는 거지요

해피님. 계속해도 될까요? / 동서남북님. 물으면 안 놔요, 바가지가 좀 있어서. 그리고 방문해주신 여러분 고맙습니다. 항상 건강하세요.

도락구다, 트럭

- 일기 · 10

아침 일찍부터 봄비가 내린다. 오늘 진천군 덕산 장날(4일, 9일)이니 고추 모종이나 사야겠다. 그래서 내일 집으로 가져가서 심어야겠다고 마음을 먹고 점심시간에 농협에서 일도 볼 겸 갔는데 어떤 40대 후반 아저씨가 내 차를 보더니 "저 차 아저씨 차에요?" 그래서 "예."했다. 그랬더니

아저씨 : 저 차 멋있는데요.

나 : 왜요?

아저씨 : 별을 달고 다녀서요.

나 : 그거 인민군 차에요.

아저씨 : 씩 웃는다.

왜 그럴까, 내 차는 스타 차, 연예계의 스타 차도 아니고 군대 장성 차도 아니다. 외제차도 아니다. 순전히 국산 차다. 내 차는 옛날 말로 도락구다. ……도락구? 트럭이다. 내 차는 대한민국에

한 대 뿐이 없다. 차종은 많지만 똑같이 생긴 건 없다. 물론 번호판도 다르겠지만 내 차는 앞좌석에 6명 타고 뒤 칸에 짐 싣고 다니는 이른바 더블캡이다. 그런데 왜…….

나는 차 번호판 위 뒷문에 빨간 바탕에 노란 별 하나를 16절지만큼 하게 페인트로 그려서 달고 다닌다. 언뜻 보면 육군 장성 차 같고 언뜻 보면 인민군 별 같이 보인다. 우리 동네에서도 어느 할머니가 "이거 인민군 차 아니여." 하셔서 그렇게 답했다.

이 차 몰고 대전 이남으로는 못 가봤다. 여러 군데 다녀봤지만 신고하는 사람 못 봤다. 몇 달 전 안양을 갔었는데 택시 기사가 같이 지나가면서 웃는다. 왜 그래 저 사람? 그랬더니 따라오면서 손가락질하면서 웃는다. 내 차 뒤를 보고 웃기는 놈이라고 웃는 모양이었다. 그럼 왜 별 판을 달고 다닐까.

작년에 집을 새로 지을 때 짓는 도중 친구들과 베트남을 가게 됐다. 내가 공장을 할 때 직원 중에는 베트남 아이들도 있었고, 그들의 전화번호도 있고 해서 겸사겸사 처음으로 해외인 베트남에 갔다. 가서 보니까 우리나라 차도 많았다. 어느 차는 태극기도 달려있고, 반가웠다. 그래서 베트남 아이들이 이곳에서 '지네 나라 국기를 보면 얼마나 반가워할까?'하고 데리고 있던 베트남 애도 생각나서 손수 그려서 달고 다닌다. 물론 베트남 가서 우리 공장에 있던 애하고도 통화를 했다. 거리가 멀어서 만나지는 못

했지만, 지금도 나에게 사장님이라고 부르고 마누라한테는 엄마라고 재롱을 떨기도 했다.

내년에 또 베트남 가려고 적금을 들어 놨다. 우리 마누라 구경시킬 겸, 생활환경 교육 좀 시킬 겸. 인민군 차라고 해놓고 미안해서 나오다가 정확히 가르쳐주려고 차 타고 가는 사람한테 "이거 베트남 국기에요."하고 보니까 아까하고 다른 사람 아닌가. 나도 말해놓고 한참 웃었네. 그 사람도 갑자기 늙은이가 나타나 다짜고짜 베트남 국기라고 했으니, 미친놈이라고 그랬겠지? 나 오늘은 미친놈 됐네?

* 우리 용마루 친구들, 혹시라도 내 차를 보시면 클랙슨 빵빵 2번 눌러주세요. 걸어가시는 분은 두 손을 들어 만세를 불러주세요. 그러면 제가 정중히 인사드리겠습니다. 헤헤.

술이 술을 먹다

- 일기 · 11

그저께 집에 올라가니 동네 형이 돼지머릿고기를 가져와서 술, 어저께 집에서 일하는데 동생이 와서 술, 초등학교 동창이 와서 술, 동네 형이 또 와서 밤 10시 반까지 술, 집이 코너 집이다 보니 오고 가는 사람들이 다 들려, 나만 보면 술을 먹자고 한다. 그래서 큰일이다.

나도 지겹다. 차를 다른 데다 멀리 세워놓고 와도 어떻게 알았는지 찾아온다. 자기네들이 사가지고 오는데 어쩔 도리가 없지. 밤 10시 반에 마누라가 찜질방 가자고 해서 갔다가 오늘 새벽 4시에 집에 왔다. 마누라가 술 먹으려면 집에 오지 말란다. 술 먹어서 그러나, 아니면 내가 미워졌나. 갈등 생긴다. 그 속셈은 뭔지.

나도 안 먹으려고 해도 귀신들이 몰려오니. 집을 이사를 가든지 무슨 수를 내야 할 것 같다. 그렇다고 내가 술을 먹으면 짜증나게도 안 하는데 마누라는 내가 술 먹는 것을 싫어한다. 나는 많이 먹으면 잠잔다. 그러면 됐지. 그래도 술이 곤드래 돼도 내 옆에서 자주는 마누라가 신기하고 고맙다. 어느 누구네는 돼지 거시기 냄새 난다고 각방 쓴다는데, 언제까지 그러려는지 몰라도 다행이다.

에구 상머슴인 내가 아침에 비몽사몽 나가는데 이상한 일을 3가지 봤다. 기가 막힌 일이다.

첫 번째, 차를 몰고 가는데 운전석 정면 유리창에 새똥이 엄청나게 떨어졌다. 분량도 많은 걸 보면 까치 이상 큰 새의 똥이 떨어져서 맞는 게 아닌가 싶다. 어떻게 그 시각에 80Km로 달리는 내 차에 그 새똥이 정면으로 맞을 수가 있을까? 참으로 희한한 일이다. 좋은 일인지 나쁜 일인지 모르겠다. 또 복권을 사야 되나? 복권 살 돈도 없다.

그리고 서울서 출퇴근하는 직원을 태워 오는데 탈 생각을 안 하고 깍두기머리를 한 사람하고 심각하게 이야기를 해서 무슨 문제가 있어서 그런가 해서 내가 내려가 해결하려고 하니, 몽골 사람인데 휴대폰 한 번만 쓰게 해달라고 해서 걸어준 거란다. 나는 "최 대리가 아침부터 누구한테 사기를 맞나 해서 말리려고 했다."라고 했더니 저는 사기 맞을 돈도 없단다.

이 얘기 저 얘기하면서 오는데 발바리 개가 뭘 주워 물고는 내 차 앞을 급히 지나가는데, 저도 급했는지 점프를 해서 보도블록을 넘으려고 했던데 헛디뎌서 개 턱이 경계석에 부딪혔다. 얼마나 우스웠던지, 그 발바리 턱 무지 아팠을 거다. 그놈 속으로 그랬겠지? 그 개새끼 차 때문에 턱 나갈 뻔했다고, 하루 종일 일하면서도 얼마나 우스운지.

그런데 요즘 개 값이 비싸다고 개 도둑놈들이 개를 훔쳐간단다. 나도 걱정이다. 비싼 개들만 있고 공장에 여섯 마린데, 그나마 일주일에 한두 번 집에 가던 일도 한 달에 한두 번 갈 판이니…… 꼭 여름이면 개 때문에 시달리니, 개들한테 마누라도 뺏길 판이니 팔자지 뭐.

* 차 앞면에도 별이 3개(쓰리 스타), 은색으로 달고 다님을 알려드리지 못했습니다. 양해해주시길 바랍니다.

술 이야기

- 일기 · 12

아침에 일어나니 비가 온 뒤라 그런지 나뭇잎들이 푸르름을 더한다. 공장 주위에 뽕나무 어린 싹이 몸에 좋다고 해서 일어나자마자 몇 잎씩 날로 먹는다. 약간 달짝지근하다. 그리고 뽕나무 열매 오디는 술로 담가먹으면 정력에 그만이란다. 그래서 몇 년 전부터 나는 이맘때쯤이면 오디를 아침 일찍 대략 두 주먹씩 따먹는다. 술 담가 먹을 새도 없이 말이다.

그래서 아직도 몸이 쌩쌩한가? 가만히 생각해보니까 마누라가 내가 술 뒤지게 먹어도 옆에서 자나 보다. 마누라가 들으면 웃기는 소리겠지만……. 올해는 오디도 따먹고 술도 담가먹어야겠다. 작년 겨울에는 음양곽이라 불리는 삼지구엽초를 술로 담가먹었는데 그게 효과가 있나? 요즘 내 몸이 이상하다. ㅋㅋ.

술 이야기를 해서 말이지, 우리 집에는 귀한 술이 있다. 어떤 술? 1997년도에 내가 공장을 할 땐 얘기다. 마누라가 뱀이 이상하다고 해서 가봤더니 뱀 목덜미가 주먹만큼 툭 튀어나와서 술 담그려고 항아리에 잡아놨더니 두꺼비를 토해놓는 게 아닌가. 그리고 며칠 있더니 뱀 등이 웅틀붕틀 튀어나오는 게 아닌가, 두꺼비 독이 퍼져서 그런가? 하여간 술을 담갔다. 땅속에 4년, 구리 철사로 엮고 양초로 땜했다. 지금 10년이 됐는데 멀쩡하다. 누가 그러는데 정력제로는 최고고, 산삼보다도 비싸고 부르는 게 값이란다. 나 뱀 때문에 부자 되겠네? 바라지도 않지만 나 아주 맛 가면 마누라가 먹이려나. 아직 개봉할 생각을 안 한다. 먹고 싶은데…….

일기 쓰다가 다른 데로 샜다. 그놈의 술이라면 정신을 못 차리니. 점심시간에는 우체국에 다녀왔다. 다른 카페의 글을 좋아하고 시를 좋아하는 아줌마에게 시집을 보냈다. 나는 좋아하지만 쓸 줄은 모르니 문제지만. 마누라가 알면 나 보따리 싸서 내보낼 판인데, 나 이런 비밀까지 모두 일기에 써서 안 걸려야 할 텐데, 팔자지 뭐.

우리 마누라 점 보러 가끔 점집에 가는데 이 정보 새서 점집에서 다 이야기해주면 우리 마누라 100% 잘 본다고 할 거다. 그래서 우리 집 팔면 어떻게 하지 걱정이다. 1급 비밀도 일기를 써야 되나 말아야 되나, 써야 일기지. 뭐 죽이기야 하겠어? 난 오늘도 죽기 아니면 살기로 이렇게 산다.

지혜

맞아요, 써야 읽기지. 근데 우째 그리 잼나게 잘 쓰시나? 시리즈로 엮는 능력을 보니 옆집 아줌마에게 시집 보내도 될 것 같아요. 누군지…… 좋겠다. 쩝! 나한테는 누가 시집 한 권 안 보내나? 부러운 지혜.

풍순이 새끼 낳던 날

- 일기 · 13

어제는 어떤 아줌마에게 시집과 시집을 보내는 김에 찰옥수수 씨도 조금 보냈더니 잘 받았다고 문자가 왔다. 나는 여태껏 폰맹이라 문자 보낼 줄도 모른다. 컴맹에다 폰맹……, 학교로 치면 낙제감이다. 왜 나이가 먹으면 나만 그러나, 내 컴퓨터(머리) 용량이 부족해서 그러나, 복잡한 거는 생각하기가 귀찮다. 옛날에 회사 다닐 때 그때는 수작업으로 할 때인데도 원가 계산할 때는 밤새면서 했는데, 뭔가가……, 지구를 떠날 시기가 서서히 다가오는가 보다.

오늘 아침 공장 울타리에 심어놓은 고추랑 호박이랑 둘러보고, 뽕잎도 따먹고 있는데 강아지 소리가 난다. 풍순이가 새끼 두 마리를 낳았다. 날 때가 지나고 배도 홀쭉하고 해서 뱃속에서 지워졌나 했는데, 두 마리다. 다 암놈이다. 개집도 있는데 땅을 어미 몸만큼 파고 땅에서 낳았다. 보통 개하고 다른 모양이다. 이러고 저러고 큰일 났다. 최하 5마리는 낳아야하는데 저번 겨울에는 8마리 낳았다. 그런데 너무 추워서, 계속해서 되게 춥던 날 새끼

6마리가 지구촌을 떠났다. 그때부터 새끼 낳으면 준다고 한 사람들 못 주고 있으니, 이번에도 줄 재간이 없다. 다시 말해서 못 줄 판이다. 아이고 나 어떻게 해.

우리 군대 동기놈 총 11명 중 한 명은 풍순이 새끼 얻으려고 2년째 기다리고 있다. 두 달에 한 번 만나는데, 요번에 만나면 또 뭐라고 그래, 그놈은 우선순위 3번이다. 요번엔 개 때문에 사기꾼 될 판이다. 없는 일을 만들어서 하니, 맨날 바쁘기만 하다. 사기꾼이면 어때, 이렇게 살다가 가지 뭐…….

적과의 동침

- 일기 · 14

오늘은 집에 가는 날이다. 오랜만에 숙적, 마누라와의 동침인 날인데, 못 간다. 개들한테 마누라를 빼앗겼다. 기가 막혀, 세상에 마누라를 개한테 빼앗긴 놈은 유사 이래 조선 팔도에 나 하나뿐일 거다. 풍순이도 새끼 낳고, 개 도둑놈들도 들끓고 있다고 그러니, 하루쯤은 봐줘야 하겠기에 속이 쓰리지만 내 팔자려니, 하고 집에 갈 것을 접어두었다.

오후에 마누라가 전화가 왔다. "집에 몇 시쯤 올라오느냐?"고. "가긴, 개 도둑놈들 많고 개밥 줘야지, 어떻게 가나." 그랬다. 강아지 낳았다고는 안했다. 왜, 나중에 다른 사람 주려면 잔소리 안 듣고 수월하니까.

다들 퇴근하고 나 혼자다. 식당에 가려면 차를 타고 5분은 가야 된다. 그동안 세차, 제초제 뿌리기, 화분에 고추 심을 흙 떠오기 등 할 일이 있어 저녁을 사무실에서 라면 2개로 때웠다. 용마루 친구들은 양재동에서 번개로 두꺼비(소주, 진로 상표가 두꺼비다) 잡아먹는다는데, 정말 재미있게들 산다.

이번 주는 그야말로 두꺼비 기름 한 방울도 안 마셨다. 오랜만에 기록이다. 장장 5일 동안. 3년 전에 37일인가? 하여간 한 달 이상을 맥주고 소주고 한 방울도 안 마신 적도 있다. 마누라가 맥주 가지고 꼬셔도, 누님 환갑 때도 안 마셨다. 그러다 보니 술 마시던 사람이 술을 안 마시니까 바보가 되는 것처럼 이상한 것 같아서 마시기 시작했다. 그 대신 담배는 애초에 배우지도 않았지만, 냄새도 못 맡는다. 그건 여자들보다도 더하다. 갇힌 데서 담배 피우면 나는 숨도 못 쉰다.

내일 집에 가면, 분명히 술 기다리는 귀신이 오겠지? 조금만 마셔야지, 그래야 마누라가 좋아하지. 나 안 왔다고 하고 나만 조금 마실까? 그러면 의리 배반인가? 나 어떻게 해, 내일…….

가문에영광

(으째야 쓰까이?) 개한테 뺏겨버린 가족? 워쩌면 표현이 그렇게 재미 있다요! 성남 모란시장에 옷 벗고 누워있는 개들을 보시구 어떻게 생각하실지 궁금하네요? 짐승 좋아하는 것도, 텃밭에 정성 쏟는 것도, 담배 냄새도 못 맡는 것도, 나랑 아주 비슷해요. 그래요. 얼마 남지 않은 우리 인생 그렇게 아름답게 살아갑시다. 분화구님 파이팅!

돌붕어님 음악방

- 일기 · 15

토요일, 아침 일찍 일어나 비가 오길래 컴 음악방에 들어갔다. 동해안 음악 카페란다. 월요일 설악산 오색약수에 AS갈 때 들리려고 '어디쯤 되냐?'고 '커피도 판매하느냐?'고 물어봤더니, 집에서 컴으로 음악방송 하는 거라고 하면서 웃는다. 다음에 방송에 어떻게 해야 들어가느냐고 물어봤더니 친구로 등록하란다. 친구로 등록했다. 44살이라는데 친구? 하여간, 내가 컴 배우는 것도 심청이 젖동냥하며 자라듯이 겨우겨우 이어나가니, 컴 학원엘 가야 되나 말아야 되나. 차라리 술 학원에 가라면 잘 가겠는데, 컴 학원에 잘 가려나?

집에 갈 때 친구 놈에게 통나무 한 차 실어다주고, 고추 모종이랑 수박 모종을 했다. 수박 모종? 수박은 땅에서 크는 거지. 말하자면 지붕에 올릴 참이다. 지붕에서 수박이 열렸다? 웃기겠지. 한두 달 있으면 웃길 일이 있을 것이다. 지붕에 수박 열리면, 세상에 이런 일이 하겠지.

글쎄 일을 다 하니까 동네 귀신이 하나 따라 붙었다. '짱깨집에 가서 짬뽕에 소주 한 병 하자'고 맨날 나만 기다리는 형이다. 그렇다고 술에 맛 간 사람은 아니다. 그리고 집에 와서 또 한 병씩, 마누라도 한 잔. 일요일 점심때쯤 그 형이 용인 순댓국집 가서 속 풀자고 한다. 동네 귀신이 또 한 명 붙었다.

그 귀신도 형뻘이다. 셋이서 가서 나는 운전기사를 자처하며 안 먹고 두 귀신이 3병을 마셨다. 저녁에 집에서 첫 번째 귀신하고 두꺼비 두 마리. 아이고 나 어떡해, 이사도 못 가고.

오늘 비몽사몽 일어나 또 진천에 간다. 살아있는 동안은 옛말대로 진천에 와야지. 오는 길이 얼마나 즐거운지, 신나고. 요즘 같으면 살맛난다. 아줌마들이 여러 명이 어깨띠를 두르고 연신 허리 숙이면서 인사다. 오는 곳곳에 면 소재지 여러 곳을 통과하는데, 내가 그곳에 사는 줄 알고 한 표 부탁한다는 뜻이겠지? 일년 열두 달 선거였으면 좋겠다.

나 인사 받고 기분 좋고, 하기야 인사하는 아줌마들은 얼마나 고생스러울까. 우리 마누라도 사돈 지원하느라고 고생이 이만저만 아닌 것 같은데. 빨리 끝내야지. 뭐 하나 하겠다고 여러 사람들 고생시킨다. 가는 데마다 후보자 사진은 모두가 잘 생기고, 멋쟁인지. 나는 물론 못 생겨서 축에도 못 들지만. 아침부터 설악산 오색약수에 별판 도라구 타고 출장 갔다 왔다. 별판 보고 몇 사람 이상한 차라고 하듯 쳐다봤다. 용마루 친구들은 하나도 없다보다.

밤 10시 물안개님이 음방에 초대해서 클릭하고 들어갔더니 용마루 친구들이 찜질방에 단체로 온 것 같이 인산인해다. 처음인데, 그 방이 그렇게 인기인 줄 몰랐다. 알고 보니 돌붕어님의 구수한 목소리에 여자 친구들이 뿅 간 것 같다. 하기야, 나도 뿅 갔으니. 그 아줌마들 음방에 들렀다가. 내일 늦잠 자는 거 아니야? 남편 밥도 못해주고. 돌붕어가 여러 아줌마 책임져.

앵두

아이고, 분화구님 걱정 마이소. 늦잠 안자니께. 우린 매일 밤 그렇게 산다오. 글고 지붕위에 수박? 그라모 하늘 수박이네요? 앵두가 하늘 수박 첫 번째 줄 서니께, 꼭 챙겨주시오. 알겠소?

재미있는 친구님의 일상 잘 보고 갑니다.

더티 플레이 선거운동

- 일기 · 16

그저께, 나 열 받았었다. 왜? 왜냐하면 마누라가 전화를 했다. 상대편 입후보자와 운동원이 더티 플레이를 한단다. 듣고 보니 정말 더티 플레이다. 내용이 길어서 다 이야기는 못하겠다. 당장 올라가고 싶지만, 술을 먹어서 내일 아침 올라가겠다고 했다.

다음 날 아침도 안 먹고 급히 집에 가서, 아침을 먹고 생전 처음 선거 운동을 했다. 그 전에 민주화운동한다고 조금 동참하긴 했지만 한 표가 아쉬워 아는 사람마다 찾아다니며 부탁을 했다. 선거운동 차도 하루 종일 몰고, 후배, 선배, 할머니, 할아버지에게 부탁했다. 내가 부탁하니 걱정 말라고 한다. 다 그런다고 한다. 생전 처음 부탁이다. 어제 일 까먹으면서도 할 만큼 한 것 같다. 잘 돼야 할 텐데.

오늘 아침 투표를 당연히 했다. 물론 내가 지원하는 조카 시아버지다. 이번 처음 출마하는 분이다. 잘 돼야 할 텐데……. 잘 되겠지. 이제 개표 시간이 1시간 남짓 남았다. 잘 되면 좋지만. 하늘 뜻이고 팔자지 뭐. 마누라는 어제 12시 넘게 오고 오늘도 돌아다니다 피곤한지 한 숨 잔다. 고생한 보람 있을지 모르겠네?

나 분화구, 요번 입장이 그래서 그렇지. 정치에는 전혀 관심이 없다. 없다고 말하면 어폐가 있겠지만, 억설로 이야기하는지 모르지만, 다 도둑놈 같다. 있을 때 해먹으려고 손해 보는 장사 안 하려고 뒤 밀어준 놈, 한 자리 해주려고 그것도 경제 순리인가? 하늘 뜻인가.

오늘 낮에 쓰는 일기, 썰렁하네요. 저의 반성을 돕기 위하여 잘못된 견해가 있으시면 따끔한 말씀 기대합니다. 고맙습니다.

겸손한 자세와 봉사하는 마음

- 일기 · 17

어제 개표 시간에 초등학교 동창들, 대부분 용띠들과 소주모임을 갖고 공원에서 옛날 이야기하면서 맥주 한 잔씩 했다. 그 후 선거 결과가 궁금하여 개표 상황실에 갔다가 안 들여보내줘서 사돈 사무실에 11시쯤 갔더니 당선이 확정적이란다.

모두 다 즐거워하는 모습들 30분쯤 지나니까 1등으로 당선이란다. 2등하고도 큰 표 차이로 이겼다. 자축과 서로 즐거워하며, 서로 고마워하며 여러 사람이 열심히 최선을 다한 보람을 느낀다. 나 또한 축하를 하며 즐거워했지만, 낙선한 사람들은 얼마나 실망스러우면서도 허망할까를 생각해본다. 사람 사는 것이 다 욕심이 있고 등수를 매겨야 하니 인생이 아이러니하기도 하다.

사돈이 이번에 처음 나와서 큰 표 차이로 당선된 이유는 그분이 잘해서가 아니라, 저번에 당선됐던 분들이 표 관리를 못해서다. 다시 말해서 당선하고서 주민들 과 대화가 없었다는 평가다. 그 말은 '붙고 나면 목에 힘주고, 한번 볼까 말까하고 선거 때만 되면 굽신거리는 것'을 주민들은 싫어한다는 것이다.

앞으로 주민들을 위하여 겸손하고 확실하게 봉사하는 마음을 갖고 일하기를 바라며 자기 발전을 위한 따끔한 충고도 해줄 판이다. 그래야 내가 우리 마누라가 찍어달라고 부탁한 분들에게 조금이나마 보답하는 길일 것이다.

그곳에서 샴페인과 맥주 몇 잔을 먹고 내일 진천 출근 관계로 1시경 집에 왔더니 차우차우가 새끼를 낳으려고 한다. 아침에 봤더니 6마리 귀엽다. 내가 맨날 개 이야기를 그리고 강아지 낳은 것을 이야기한다고 개장사로 오인해서는 안 된다. 물론 판 것도 있지만 내가 판 것은 없다. 다 마누라 아니면 딸이 팔았다. 따지고 보면 마누라와 딸이 개장사네. 둘 다 개띠들인데, 개띠들이 개를 팔아? 뭔가 이상하네.

이곳 진천에 오니 개새끼들이 배고프다고 아우성이다. 차에서 내리자마자 시끄러운 입 막으려고 개밥 줬다. 오나가나 개 때문에 지겨워 죽겠다. 어미고 뭐고 다 팔아 없었으면 좋겠는데, 다 사연이 있는 개들이라 어쩌지도 못하고 뜨거운 여름날에 개밥 주기도 땀 난다. 아이고, 이 개만도 못한 팔자.

용마루 친구들 방

- 일기 · 18

일기를 이렇게 쓰면 안 되는데, 3일 전 용마루 친구들 음악방에 들어가려고 용마루에 들렀다. 혜수민 친구가 있어 어떻게 해야 음방에 들어갈 수 있느냐고 물어봤더니 가르쳐줬다. 갔더니 해피도 있네? 얼마나 반가웠던지. 그래서 나중에 어떻게 들어가야 되느냐고 했더니 친구하면 된다고 해서 친구 허락 받고, 또 얼마나 좋았던지. 음악도 좋고 내용도 좋고. 나 요즘 컴에 중독됐나봐, 술보다 더……. 이러다 마누라가 싫어지면 어떻게 해. 요즘 나는 컴 배우는데 신기하면서도 재미있게 하나씩 배운다. 우리 친구들이 얼마나 상냥한지 그저 살 맛 나지.

집에 오니 마누라 발바닥이 붓고 멍들었단다. 얼마나 돌아다녔으면 당선됐어도 또 인사치레 다녀야된다고 하소연이다. 내일, 모레. 왜 나 만나서 고생이야? 그렇지만 그게 아니지.

오늘 새벽에 같이 목욕탕에 가서 몸 풀고 또 나갔다. 물론 탕은 따로따로 들어갔다. 그리고 당선사례 인사차 하루 종일 다니다가 밤 12시가 되어서 들어왔지만.

나는 오늘 햇볕이 얼마나 뜨겁던지 조금 쉬다가 오후에 수박 순을 바닥에서 기는 게 아니라 하늘로 나르게 공중에 뜨게 했다. 지금 완두콩만 하지만 두고 보면 수박 열리겠지. 재미지 뭐. 이젠 완벽하다. 처마 밑에 수박 열리고, 박 열리고, 수세미 열리고. 그 밑에서 술 먹으면 됐지, 천당이 따로 있나?

하루에도 천당과 지옥을 수십 번 왔다 갔다 하지만, 이곳이 천당인지 지옥인지 아직도 분간을 못 한다. 술 먹을 때는 천당, 마누라 바가지 긁을 때면 지옥. 컴 친구들 만날 때면 천당, 뜨거운 점심때 개밥 주려면 지옥 등. 오늘도 동네 술 귀신한테 붙들려 순댓국에 두꺼비 한 마리 잡아먹었다. 컴에 들어가려고 켜놓고 졸다보니 조카사위가 먹기 아까운 술 사왔다. 내일 그거 먹어야지. 나 이러다 지구를 떠나는 거 아니야?

군대 동기 아들 결혼식

- 일기 · 19

그저께 6월 4일은 군대 동기 아들 결혼식이 있었다. 군대 제대한지 벌써 30년이나 되었다. 아이들 결혼할 때도 됐지 뭐. 나는 늦게 가서 딸이 25살이다. 무자식이 상팔자고 혼자 사는 게 제일 편하다고 하지만, 하늘 뜻이겠지.

그곳에 동령 친구의 부인하고 친구들이 오랜만에 만났다. 그 친구들 하나같이 요새 말로 찢어진 친구들이 하나도 없다. 도망간 아줌마들이 하나도 없으니 얼마나 다행이고 고마운지 모른다. 물론 우리 친구들도 잘하겠지만. 장가 드는 친구 아들놈도 그렇게 살아줬으면 좋겠다.

저녁에 군에 간 아들놈이 전화가 왔다. 잘 있고, 시간이 있어 책을 많이 본단다. 시간이 있으면 책을 더 보고 제대 준비를 전공과목인 레저스포츠학과에 대한 책을 보라고 말해주었다. 아들은 운전병이다. 제일 먼저는 군 생활에 충실하면서 그리고 운전할 때는 추월하지 말고 신호 지키고 양보 운전하라고 했다. 전쟁이 났을 때만 추월하라고 그랬더니 "예, 알았어요. 아버지."한다.

어떻게 아버지하고 아들이 똑같을 수가 있을까? 왜? 나는 군대서 주판 옆에 차고 맨날 출장가고, 그놈은 사단 본부에서 조그만 차 운전하며 시내만 다니고, 나는 출장 다니면서 친구들 없으면 부대 2~3일 먼저 들어가고, 이놈은 2월 달에 포상휴가 받았다는데도 친구들 휴가 오면 만나려고 아직까지 올 생각을 안 하니. 그야말로 인삼인가 산삼인가. 산삼으로 커줬으면 좋겠는데 하늘 뜻이지 뭐, 내가 어떻게 해. 그래도 저번 달에는 사단 유격대 조교로 지원해서 유격대 조교로 활동 중이란다. 이렇게 물 한 방울이 똑같을 수가 있을까.

어제 집에 가니 귀신들이 휴대폰으로 언제 오냐고 난리다. 그러면 집 마당에서 삼겹살 구워먹자고 했더니 온단다. 그래서 내가 2만원 어치 삼겹살을 사고 소주를 사왔다. 마당에 불을 지피고 시작을 하니 바람도 반대편으로 부는데 어떻게 알고 동네 B형이 왔다. 그리고 옆집 형도 부르고 먹다보니 모자라서 다른 형이 고기 사고 다른 형이 술을 사고. 어제 또 맛이 갔다. 오랜만에 와서 마누라 안아주지도 못하고 저도 먹었으면서 나더러 술 먹어서 밉단다.

오늘 아침에 장모님한테 갔다. 드디어 꿈이 이루어졌다. 꿈? 작년에 우리 직원 하나가 선풍기가 고장 났다고 버려서 고쳤다. 그런데 선풍기 날개가 한 쪽이 부러져서 못 쓴다. 작년 여름 수원에 고물상을 다 뒤져도 없어서 부러진 날개를 내 차에 일 년 동안 가지고 다녔다. 똑같은 거 사려고. 그런데 오늘 장모님 댁에서 만났다. 장모님보다 더 반가운 거 있지? 히히히. 장모님이 못 쓰는 거 주워 오신 모양이다. 토마토 5천 원어치 사드리고 10만 원 드리고 가져왔다. 장모님 용돈 드리려고 좋은 일 하려고 했더니, 나한테도 좋은 일이 생기는 모양이다. 이제 선풍기 날개는 걱정 안 해도 되겠지?

오다가 보니 아파트 단지에서 1일장이 섰다. 먹고 싶은 오이지, 자반 고등어를 사고 닭 삶아 먹으려고 황기를 샀다. 집에 오니 벌써 동생이랑 매형이 와 있다. 물론 닭 먹고 술 먹고, 다른 사람 닭 먹고 술 먹고 골아 떨어져 잔다. 나는 밀린 일기 쓴다. 나 도깨비 아니야?

* 이렇게 긴 일기 읽어주시고, 성원해주신 여러분 항상 건강하시고 안전운행 되시길 빌겠습니다.

진천 홍보대사

- 일기 · 20

현충일이었던 어제, 나는 황기닭에 술에 잘 먹었다. 밥은 못 먹고 술이 밥? 이야기가 나왔으니까 말이지. 태극기 달고 경건한 마음으로 하루 지내는 날인데, 태극기는커녕 경건한 마음도 없다. 나만……, 나는 아침 일찍 조기를 달았다. 하루 종일 봐도 동네 태극기 단 집이 안 보인다. 월드컵을 한다면 태극기 어디선지 끄집어 내오고 몸에 두르고 국경일에는 노는데 정신을 팔텐데 말이다. 우리 용마루에 친구들은 그런 사람 한 사람도 없겠지만.

오늘 진천 공장에 왔다. 이러다 진천 홍보대사 되는 거 아니야? 가물어서 그런지 호박이랑 수박이랑 땅속으로 기어들어 간다. 비가 왔으면 좋겠는데. 오후에 인터넷을 보니깐 내일 비 온단다. 고마운 일이지. 하늘에서 알아서 해주는 걸 쓸데없이 걱정을 했네.

저녁엔 배나무에 진딧물 약을 주고 제초제도 뿌리고 농약 묻은 몸 깨끗이 샤워하고 컴에 들어갔지. 컴을 잘 몰라 저번 시집 보내준 아줌마에게 연락해 컴 공부를 했다. 자세히 가르쳐준다.

그래도 머리에 안 들어가니 원인이 있지. 술이지 뭐. 그 아줌마 시를 그렇게 잘 써서 나 그저께부터 뿅 갔다. 그저 누가 뭐라 그러기만 하면 뿅가니. 나는 누구 말대로 건들기만 하면 톡 터지려나? 터지면 재생 안 되나? 에라 나도 모르겠다. 터지든지 말든지.

먼저 간 친구를 그리워하며
- 일기 · 21

며칠 덥더니. 아침부터 비가 올 모양이다. 고추고 호박이고 잘 된 건 잘 됐는데. 조금 늦게 심은 건 발육이 부진하다. 비가 오면 괜찮겠지?

집에 작년에 심은 감나무는 아직도 싹이 안 나왔는데, 오늘 비가 와서 토요일 날 가면 싹이 나와 있으려나? 그 감나무 작년에 집 지을 때 친구 마누라가 “우리 살던 집에 감나무가 있으니 캐다 심으라.”고 해서 가을에 캐다 심었다. 초등학교 불알친구가 몇 년 전 심어놓은 건데 재작년 그 친구가 오토바이 사고로 이 아름다운 세상을 떠났다. 친구도 생각할 겸 감을 따서 친구 제사 때 주려고 그랬는데 아직도 싹이 나오질 않고 있으니 걱정이 된다. 친구 마누라가 우리 집 옆으로 이사를 와서 우리 집을 지나갈 때마다 감나무를 쳐다보곤 하는데 한편 내가 잘못 심었나 하는 게 미안하기도 하다. 그렇다고 버릴 수도 없고, 며칠 전 자세히 보니 죽지는 않았다. 싹이 나올 것 같다. 그래도 올겨울까지 기다렸다가 안 나오면 친구 마누라하고 합의해야지.

그 친구와 나는 초등학교 4학년 때 축구에 미쳐 엄마들한테 거짓말하면서 학교 며칠씩 빠졌었다. 그야 어떤 친구가 사기를 쳐서 그 홀림에 그랬지만. 그 친구는 지네 엄마한테 뒤지게 매 맞고, 나는 우리 엄마한테 꼬집혀가면서 매 맞고 그랬다. 그래도 그때뿐이지 그 친구와 나는 하라는 공부는 안하고 학교 끝나면 형들 학교에서 어둡도록 공에 미쳐 살았으니. 그 덕분에 군대 가서 펠레 소리는 들었지만, 정말이다.

그 친구 막내아들을 보면 어쩌면 그놈하고 똑같다. 아주 인간 도장이다. 얼핏 보면 착각하겠어. 황우석 박사가 동물복제 한다고 하지만, 생각하는 동물인 인간복제는 그놈이 제일 먼저 했을 거다.

저번에 꿈에 그 친구를 봤다. 양력 2월 달인가? 꿈에 우리 동네에 오더니 우리들이 형들하고 술을 먹는데 한 손에는 달력을 말아가지고 그냥 지나친다. 그래서 내가 "야! 니가 세월 가는 게 뭐 필요하다고 달력은 가지고 다녀."했더니 아무 소리 않고 지나쳐갔다.

그 이야기를 몇 달 후 친구 마누라에게 했더니 "제사 때가 돼서 그랬나봐요." 그런다.

친구 제사 때 한 번 간다면서 뭔 일이 바쁘고 잊어버리고 그놈하고는 어릴 때 이웃에서 노상 싸움하고 같이 놀고 했는데 우리 용마루 친구들 오토바이 타지 맙시다.

그러나 저러나 감나무 싹 나와서 잘 자라야 할 텐데. 잘 자라겠지 뭐.

앵두

지금 유월이에요. 아직 싹이 나오지는 않은 감나무 쳐다보며 친구 제사상에 올린다니 마음은 너무도 갸륵합니다만 열매 맺기는 어려울 것 같네요.

앵두가 말입니다. 밥 해먹고 좁쌀이 남은 게 있어 베란다 화분에 뿌렸더니 일주일, 또 열흘이. 이십일 한 달 기다려도 기다려도 싹이 나올 생각을 않아 옆 지기한테 물으니 이 사람아 흰 쌀을 뿌리고 밥이 열리라고 빌어라 합디다.

이 바보가 생각할 때는 비슷한 경우같네요.

부부 일심동체

- 일기 · 22

어제 아침에는 비가 왔다. 비가 잔일이 있는 것도 집어두고 오랜만에 나를 쉬게 만들었다. 숙소에 모기약이 없어 시내 약국에가 이것저것 약을 사온다고 했더니 마누라도 같이 간다고 한다. 같이 나서서 약국도 들리고, 오랜만에 대형마트에 갔다.

그런데 웬일? 갑자기 티셔츠를 사준단다. 그만두라고 사양했더니 저도 하나 살 테니 아무 소리 말란다. 그러더니 또 좋게 생긴 모자를 사준다. 내 머리가 약간 대머리라 숱이 없어서 주로 모자를 애용한다. 그래서 내가 "ㅇㅇ엄마! 심청이처럼 인당수에 빠지려고 그러냐?"그랬더니 저번 선거 운동 때 선관위에서 준 봉급이란다.

기특하기도 하지. 이럴 땐 영락없이 토끼인데, 가끔 늑대로 돌변하기도 한다. 나를 프라이팬에 가지고 놀고 있으니 우리 친구들 다 그런가 나만 그런가. 나만 그러면 완전 호구네? 저녁엔 술 안 먹으려고 살살 도망다녔더니 귀신들이 지쳤는지 오지 않는다. 그래서 모처럼 쉬었다. 정말 기분 좋은 밤.

오늘 늦잠을 자 아침에 허둥지둥 바빴다. 진천에 15분 정도 늦었다. 왜 술 먹으면 일찍 일어나고, 안 먹으면 늦게 일어나고. 일찍 일어나려면 술 먹고 자야 되나? 어떻게 해야 할지 나도 헷갈린다.

오후에 출장 일이 있어 일산에 오게 됐다. 늦게 점심을 먹게 돼서 냉면을 사먹었는데 집에 와서 마누라한테 오랜만에 냉면 먹었다고 했더니 저도 친구들이랑 냉면 먹었단다. 부부라 생각과 행동이 어떤 때는 똑같은 것인지. 다른 때는 시장가면 내가 꽁치 사오라고 하면 고등어 사오고, 고등어 사오라면 물이 좋지 않다고 꽁치 사오고. 왜 이렇게 상극인지. 차 타고 이 길로 가면 빠를 거라고 하면 저쪽 길이 빠르다고 우기고. 물건 사라고 하면 안 사고. 사지 말라면 사고. 나 오늘도 천하에 상극하고 산다. 팔자지 뭐.

앵두

아고 부러워라 은근히 옆지기 자랑하고선, 마지막 글 친구 옆지기가 보았다면 분화구님은 죽음인줄 아슈. 어쨌든 재미있는 하루 보고 갑니다.

하늘이시여

- 일기 · 23

어젯밤은 2002 월드컵, 호주와 일본 축구가 맞붙는 날이었다. 어떻게 내가 응원하는 팀은 TV 볼 때마다 진다. 그래서 우리 딸한테 TV 안 본다고 했다. 일본이 지길 바라는 마음에. 나는 용마루 컴에 열중하고 있는 후반전, 딸애는 "아이고, 아이고."하면서 하다가 골인이란다. 그래서 나가봤다. 1:1 동점. 그리고 "내가 보면 지니까 또 들어갈란다."하고 들어갔다. 방에 들어가자마자 또 들어갔단다. 확인하고 컴 하려고 들어갔다. 그러더니 또 골인이란다. 이상하게 내가 안보니까 들어갔다. 우리 딸 하는 말 "아빠, 내일도 보지 마세요." 그래서 "알았어." 했다. 지금 10시 47분 난 안 봤다. 어떻게 된지도 모른다.

세상 남들은 좋다고 잔치 분위기, 응원 분위기인데 우리 팀 이기라고 안 보는 게 아니라 못 보는 처량한 신세가 있는 줄 누가 알까. 나 같은 사람 또 있을까? 나 맛 갔나? 우리 카페에도 몇 사람 안 보인다. 그래도 나 같은 친구는 아니겠지.

우리나라가 이겨야 할 텐데, 에라 모르겠다. 하늘 뜻대로 되겠지 뭐. 덕산 약주나 한 잔 하자.

앵두

보이지 않는 곳에서 열심히 응원하세요. 이런 때면 심장이 뛰는 것 같아 숨어서 응원합니다.

분화구

나 정말 안 봤다. 우리 집에서 나도 없는데 내 동생하고 우리 매형하고 뒷집 형하고 보면서 그때그때 중계를 해주면서 내 동생이 끝까지 보지 말라고 해 용마루 컴만 했다. 그러더니 2:1로 이겼다네. 하하. 나 원 말이 되는 건지 안 되는 건지. 그러면 나 뒤져서 안 보면 더 잘되겠네?

오늘따라 장날이다

- 일기 · 24

어제 진천장날이라 일 끝내고 오후 7시쯤 토종닭 사러갔더니 토종닭이 다 팔렸단다. 할 수 없이 숙소에 홀아비들을 위하여 순대랑 소주랑 사왔다. 논할 것 없이 한 잔 했다.

오늘 거래처 심부름을 용인 쪽으로 갔는데 적어준대로 갔더니 회사가 안 보인다. 그래서 전화를 했더니 아가씨가 이상하리만큼 핀잔을 준다. 그 아가씨 자기 회사 위치도 모르면서……, 요즘 젊은이들 이상하다. 다 그런 건 아니지만 어른들하고의 대화, 자기 위치, 업무에 대한 대화. 뭔가 예전하고 다르다.

우리 회사 다닐 땐 어른을 그렇게 대하진 않았는데. 세대 차이가 나는 것일까? 이 세상이 너무 변했나. 어제도 10살 정도 아래 직원과 한마디 했다. 내 생전 처음, 옛날 말로 경우가 없다. 각설하고, 하기야 내 새끼들도 그런데 뭘. 이럴 땐 왜 사는 건지.

거래처에 갔다가 오는 길에 충남 병천에서 점심을 먹었다. 역시 순댓국 맛이 요새 말로 죽인다. 오늘 따라 병천 장날이다. 어제 진천 장에서 만났던 장사하시는 분들도 봤다. 그 사람들 “저 사람 여기서 또 보네?"했을 거다. 기가 막혀 내 생전 처음 일이다. 나도 모르게 매일 만나니.

저녁에 마누라가 염소를 한 마리 사서 준단다. 너나 먹으라고 했더니 그래도 사준단다. 언제 다 먹어. 나 죽이려고 그러나? 어차피 한 번 가는 거, 죽이든지 말든지.

알파

염소는 여자들한테 좋은 거 아닌가요? 난 그렇게 들은 거 같은데? 남자도 먹어도 되나 보네? 같이 들면 되겠다. 분화구님은 행복한 비명소리 같아요.

가문에영광

술 많이 드시라고 염소 한 마리 해주시는 것 아닌가요. 우리 마누라 좀 본받아야 할 건데) 도대체 태공님의 마누라님보다 더 이쁘고 서비스 잘하는 사람 이으면 나와 보라고 하세요. 이 아저씨가 호강에 끈을 달아서 시방 뭔 투정을 하는 거요? 문제는 진천장에 순댓국이 그렇게 맛있다는 거 이게 중요한 거요. 아시겠소? 분화구님 저도 순댓국을 어지간히 좋아하는데 언제 진천장날 한 번 만납시다. 염소? 그거 아무 소용 없어요. 자고로 남자는 걸쭉한 보신탕 한 그릇에 소주 한 잔 하면 죽이는 거지.

금주의 답글 왕

- 일기 · 25

매일 써야 되는 일기. 일에 밀려다니고, 술 먹고. 이것이 살아 있는 현실이겠지?

토요일 날 저녁엔 축구 핑계로 오신 손님들 때문에 영락없이 술 먹었지. 마누라도 지겹겠지만 나도 이젠 지거워.

그 이튿날 비몽사몽 일찍 일어나 마당 청소를 하고 있는데 옆집 형이 새벽부터 전화기를 두고 갔다고 찾으러 왔다. 마당 청소를 대강 끝내고 마누라도 잠깐 비운 사이 용마루 카페에 숙제도 할겸 들렀더니 웬걸 내가 금주의 답글 왕이란다. 다시 눈을 씻고 봐도 분화구다. 웬 컴 실수! 그런데 오늘까지다. 우등상 탄 기분 우등상은 한 번도 못 타봤는데 늘그막에.

그런 그렇고 한참 컴을 하고 용마루 여자 친구와 대화를 하고 있는데 옆에서 지키고 서있으니, 비밀 이야기는 아니지만 대화를 못하겠으니 미칠 지경이다. 자기네 감나무 송충이가 많다고 약 좀 쳐달란다. 하는 수 없이 자세한 이야기도 못하고 일방적으로 신사답지 않게 실례를 하고 컴방을 나와 농약 뿌리고 와서 재방

문해 대화를 했지. 대화한 상대와 내용은 비밀이다.

그리고 다시 나가 개장 옆 청소를 하던 중 파리 붙으라고 놓아둔 끈끈이에 참새 한 마리가 허둥댄다. 참 기가 막혀 왜 자꾸 일만 생겨. 간신히 떼어 딸아이하고 시너로 끈적거리는 날개를 닦아내어 조금 놔뒀더니 어디론지 날아갔는지 안 보인다. 잘 살면 좋으련만 팔자지 뭐.

오후에 마누라가 와서 작년에 주워서 모아놓았던 은행을 깐다. 맨손으로. 그래서 내가 맨손으로 하면 옻오른다고 해도 막무가내다. 맨손으로 다 하더니 주방세제로 손을 닦고. 오늘 집에 갈 일이 있어 가보니 목에 옻이 올라있다. 왜 내가 말하면 안 듣는지 무조건 반대다. 맨날 손해 보면서도 굿을 해야 되나, 떡을 해놔야 되나. 저번에도 이야기했지만 매사에 반대다. 무조건 말목 잡고 늘어지니 우리 용마루 여자 친구들 그렇게 하지 않았으면…….

* 오늘 며칠 만에 쓰는 일기 부실한 점 용서하시기 바랍니다. 시간도 늦고 집에 와서 쓰다 보니 마누라가 나올 것 같기도 하고 해서. 마누라가 무서워요 하하.

알파

분화구님 먼저 답글왕 축하합니다 짝짝짝. 분화구님 하루가 다 보이네요. 잘 보고 갑니다.

월드컵 열기도 갔다

- 일기 · 26

초등학교 방학 숙제 일기 쓰듯이 이 핑계 저 핑계 하면서 몰아서 썼던 버릇이 아직까지도 있나 보다. 하기야 3살 버릇 여든까지 간다고 했으니.

마누라는 옻이 많이 올라 퉁퉁 부어올랐다. 병원에 가서 주사 맞고, 약 먹고 해도 금방 낫지 않는 모양이다. 내가 약을 올렸더니 너도 옻 올라보라고 옻 오른 손으로 다리고, 팔이고 문지른다. 그리고 밤새 긁적단다. 이틀 밤이 지나도 나는 괜찮다. 마누라가 약을 먹더니 덜하다. 낫겠지 뭐.

이제 2002월드컵 열기도 다 갔다. 월드컵 때문에 본의 아니게 내가 사람들 때문에 시달렸는데. 집에 찾아와서 텔레비전 보며 술 먹어서 덩달아 나도 술병 날 뻔했다. 스위스 전 이야기하나마나 안 봤다. 내가 보면 질까봐. 새벽에 마루에서 딸아이는 보는데. 나는 방에서 다른 영화를 봤다. 에로영화? 글쎄 요즘은 흔하게 나오니까 뭘 봤는지 모르겠네. 조금 있더니 끝났다. 그러면서 씩씩댄다. 열 받는다고. 졌단다. 그리고 심판도 엉터리고 우리 딸아이 하루 종일 직장에서 열 받았을 테지. 나도 자세히 보니 정말 엉터리다. 에이 나쁜 놈들. 그러면 그렇지. 내가 안 본다고 다 이기면 내가 왜 이 노가다를 해. 집에 다 깃발 달고 잘 맞추어 아줌마들 복채나 챙기지.

아침에 운동장에서 밤새 응원을 하고 집에 가는지 여학생 둘이서 붉은 악마 티셔츠에 태극기를 두르며 우리 집 앞을 지나간다. 나는 저 학생들 저렇게 태극기를 사랑하고 애국자들! 현충일 날 집에 태극기는 꽂았을까를 생각해보면서 요즘 젊은이들을 생각해본다.

사실 우리들도 반성해볼 필요가 있다고 본다. 나라 사랑하는 마음. 토요일엔 철원에서 친척들 모임이라 아침 일찍 갔다가 점심 잘 먹고 와서 저녁엔 제수씨 생일이라 밖에서 사먹고, 일요일엔 처남 생일이라 처남네 집에서 저녁 잘 먹고. 잘 먹긴 잘 먹었는데 돈 나가는 게 문제다. 아시다시피 그냥 먹을 수야 있는가. 작년 조그만 집 지어놓고 빡빡하다. 보너스를 타야 좀 풀리려나? 그 전엔 돈 계산 안 하고 살았는데 말년에. 벌었을 때 궁리를 좀 잘해뒀더라면 이 몸 봄날은 분명 갔다. 다시 오려나? 글쎄. 틀렸지 뭐. 봄이 오기 전에 가겠지, 황천으로.

진실한

황천은 나중에 가시고요. 용방 모임에서 소주나 박살내 보자구요. 선양 소주인가, 경월 소주인가, 와룡 소주인가, 금복주인가, 무학 소주인가.

해피

옻 오른 데는 닭피를 바르던 것으로 기억하는데 아주 옛날 방식이라. 축구는 각본대로 졌지만 멋진 승부였다오. 후손에게 작은 집이라도 아빠의 혼과 땀을 물려줄 수 있는 게 얼마나 멋져요. 분화구님 파이팅.

분화구

여러분 잊지 않고 찾아주시고 이 은혜를 어떻게. 그리고 진실한님 정말 소주 한번 먹을 때 있겠지요. 박살나지는 않더라도 고맙습니다.

행복을 주는 컴

- 일기 · 27

비가 와서 그런지 요즘 고추랑 잔뜩 심어놓은 호박이랑 박이랑 하루가 다르게 커간다. 50군데도 넘게 호박을 심었으니 얼마나 열릴까? 옥수수도 이젠 제자리를 잡은 것 같다. 농사짓는 분들이 이런 재미로 농사를 지으시는가 보다. 잘 자라고 수확도 좋으면 얼마나 좋을까?

오후에 아산 물건 가지러 갔다 오는 길에 한가한 길옆을 보니 벌써부터 코스모스가 군데군데 피어있다. 가을에 피는 줄만 알았는데 여름도 오기 전에 벌써 피기 시작하니, 이러다가 겨울에 모내기 하는 거 아니여. 7월 달에 눈보라 치고 세상이 어떻게 되려는지 도무지 감을 잡을 수가 있어야지.

저녁을 먹고 시간이 있기에 공장의 음료수 플라스틱병과 쇠붙이 등 폐품으로 풍경을 만들었다. 제법 소리도 좋다. 집에 가서 밖에 걸어놔야지. 그러면 지나가는 사람들이 또라이라고 그럴까? 두고 볼 일.

시간이 있으면 영락없이 컴이다. 나 컴에 중독 됐나봐. 뉴스에서부터 시작, 다음 카페, 세이 카페, 뒤적거리다 보면 몇 시간은 훌쩍이다. 마음속에 정리할 시간도 못 추스르니. 하여간 그래도 컴이 좋은걸. 그러면 역시 중독. 어떻게 해야 이 병을. 그래도 내 병을 알았으니 완전 중독은 아닌가?

오늘 저녁에 오랜만에 용마루 음방에 들어가려고 돌붕어를 찾았다. 돌붕어를 찾아 11시 5분 전에 사용자 정보를 클릭했더 40대 음방에 있단다. 그래서 또 클릭. 그랬더니 화면에 아무도 없다. 그래서 한 번 또 마찬가지. 아깐 있었는데? 그래서 돌붕어 클릭했더니 이젠 얼굴이 아주 시커멓게 보인다. 아니 금방 나간 건가? 그래서 다른 여자 친구한테 클릭해서 음방 어떻게 된 거냐고 했더니 금방 끝났단다. 어이가 없어 나 도대체 뭐하는 건지.

꿩 대신 닭이라고 하는 수 없이 그 여자 친구와 이야기를 하기 시작, 숙제를 뒤로 미룬 채 오랜 시간 했다. 하기야 이제 일기를 쓰니. 대화? 오랜 시간? 무슨 이야기? 상상에 맡겨주시길. 그저 사람 사는 이야기다. 나도 재미있고 상대방도 짜증 안 나는 구수한 사람 사는 이야기다. 이야기할수록 병이 싹 가실 것 같은 그야말로 엔도르핀 솟은 이야기다. 그래서 처음 만나는 사람이라도 멀지 않게 느껴지는가 보다.

내일은 집에 가는 날. 집에 가면 컴은 못하는데, 하루 쉬어야겠네. 그래도 반기는 게 있으니 그것은 차우 순둥이와 수박이다. 수박은 많이 자랐을까? 매일 마누라와 딸아이한테 아침저녁 물을 주라고 전화한다. 조상을 그렇게 모셨으면? 화투뒷장이라도 잘 붙게 했을 테지만 내 죄는 내가 알지.

가문에영광

으히히히히히히. 조상에게 잘 보이면 뒷장이 잘 붙는답니까? 오늘부터 잘 해볼까나? 그런데 '네 죄를 네가 알렸다!'라는 말은 영화에서 많이 봤는데 내 죄를 내가 알아? 난 모르는데?

중독을 부르는 카페

- 일기 · 28

요즘 컴에 미친 나. 일어나자마자 컴에 기어들어갔지. 술꾼이 술독에 빠진 거마냥 컴독에 빠져서 헤매니. 정신 차려야 할 텐데. 7월이 오기 전에 정신 차려야지. 유혹을 해도, 하기야 술도 근 한 달간 맥주 한 방울도 안 먹고 버텼었으니까. 정신 차리겠지 뭐.

아침나절부터 바쁘다. 오늘 계획이 수원에 가는 날이다. 거래선에 물건을 가져다주란다. 이때다 하고 수원에 용방 여자 친구한테 '풍순이 새끼 주련다'하고 전화하니 '풍순이는 말고 얼굴이나 보자.' 그런다. 아이고 나 어떻게 해. 그 다음은 상상.

시간이 있기에 군대 동기놈, 일명 이빨한테 전화를 해봤다. 나보다 군번 1번이 빠른 놈이다. 역시 38사단 출신이다. 두 달에 한 번 모임을 하는데, 안 나온 지 두 번 된다. 그래서 바쁘거니 놔뒀지만 그래도 안부 겸 전화를 했더니 아침부터 목소리가 이상하다.

원래 술 잘 먹는 놈이라. "너 술 먹었냐."했더니 아니란다. 그러면 "왜 그러냐."했더니 병에 걸렸단다. 아차 생각에 "너 그럼 쓰러졌었냐."했더니 쓰러졌었단다. 아이고 이렇게 무심할 수가. "내가 오후에 가볼 테니."하고 있는 곳을 물어 갔더니 정말이네 참. 말을 조금 못한다. 땅이 꺼지는 것 같다. 그래도 다행인 것은 심하질 않으니 와이프도 같이 있다. 얼마나 죄송스러운지. 그것도 모르고 친구들이 안 나오는 줄 알고 내일은 다 연락해야지.

그 군대 동기를 뒤로 두고 짐을 싣고 구리로 향해 물건을 가져다 주려고 부리나케 달렸다. 8시에 맞추느라고. 아는 사람은 알지. 조금 늦었다. 그래도 땀이 나서 샤워는 해야지. 시원한 마음으로 컴에 들어갔더니. 웬 걸 오늘도 곗날이다. 음방에 여러 친구들이 모여 있다. 야호! 나를 반겨주는 사람이 그렇게도 많으니 회사 다닐 때도 여직원들한테도 인기였었는데. 지금도 그러나 내 생각이 그렇겠지. '돌붕어'나 '가문에영광' 등에 비하면 새댁들이 내가 새내기니까 봐주는 거겠지. 하여간 정신이 없어. 숨을 돌리려고 술 한 잔 먹고 온다고 하고. 술 반 병 먹고 왔더니 여유가 있다.

여기서 인사도 제대로 못 드린 친구들에게 죄송하다고 사과를 드립니다. 원래 컴맹을 이해해주시고 클릭 하나 잘못하면 맨날 나갔다 들어갔다 하나 독수리 타법으로 제때 인사 못 드린 점

이해해주시길.

오늘 따라 용방에는 없고 음방에만 있다. 불나방처럼 밤에만 그쪽으로 쏠리나 보다. 열심히, 즐겁게, 활기차게, 자신감 있게. 그 나이가 어디로 갔는지 모르게 얼마나 감사한지. 이 친구들이 이렇게 사는 모습을 보여준 이 순간을. 오늘 여자 친구들 생음악을 다 들어봤다. 누가 이들을 50대라고 그래. 내가 듣기에는 목소리는 거짓말 안 시키고 30대 중반이다. 그래도 해피님의 멘트와 글 솜씨들이 역시 멋쟁이들. 오늘도 이 친구들 덕분에 술 먹었어도 기분이 좋다. 몸에도 좋겠지. 더군다나 내가 좋아하는 '오동동 타령', '유정천리'를 틀어주시고 그런다. 너무나 고마워.

여기서 잠깐 말하자면 그 '유정천리'는 초등학교 4학년 때 큰누나한테서 배우고 반 활동 시간에 그 노래를 불렀으니 우리 여자 선생님은 얼마나 기가 막혔을까. 가사 내용도 모르고 무턱대고 불렀으니.

오늘도 즐겁던 날 여러분이 있기에 내가 있던 날. 여러분 고마웠습니다. 모든 친구들 잘 자겠지? 건강하고 좋은 꿈 꾸시길…….

가문에영광

무지하게 쑥스럽네? 근데 친구야. 영광이는 친구가 아는 것처럼 여친들에게 인기 있는 그런 사람이 아니라는 거야. 그냥 용방에 오래 있다 보니 친하게 지내는 거지. 그래도 해피에게는 인기가 있음 좋겠는데 날 내팽겨쳐버렸다네. 그 친구가 생일이라는데 축하를 해야 하는가 아닌가, 그걸 생각하고 있다오. 오늘도 삶에 냄새가 묻어나는 일기. 잘 읽고 가오.

분화구의 일기… 끝?

웬일이냐구요? 용띠들 모임 용마루에 처음 가입하고 나서 우리 님들이 얼마나 열성적이고 화기애애한지. 그리고 반갑게 맞이해주셔서 거기에 기분이 상승되어서 옛날 일기 쓰던 버릇이 있어 뺄 건 빼고 더도 보태지 않고 솔직하게. 그러나 내 어투의 표현되는 대로 적었습니다. 그런데 의외로 즐거워하시는 것을 보면서 계속 해왔습니다.

솔직히 어느 친구들도 일기를 쓰겠지요. 마음속으로라도. 저는 그래도 제가 다니는 공장에 컴이 있고 시간이 있고 해서 여러 친구들이 내 일과를 다는 몰라도 분화구가 살아가는 현실을 조금이나마 알려드리려고. 그러면서 친구들 여러분이 나름대로 분석해가면서, 느끼면서.

세상에는 사람마다 모두 팔자가 다르다고 느낍니다. 누구는 남자로 태어나고, 누구는 여자로 태어나고서부터 등등. 누구든지 기준인 사람은 없으니까요. 저의 표현이 어느 분들한테는 공감이 가는 반면, 어느 분들한테는 잘못됐다는 느낌이 들겠지요. 저 또 한 그런 점에서 늘 일하다가도 반성하면서 생각하고 있습니다. 이 점 이해해주시면 고맙겠습니다.

오늘 벌써 일기 쓰기 시작한지도. 4월 28일부터 6월 30일까지 30회. 우연하게도 오늘이 6월 마지막 날 30일이네요. 이렇게 겹칠 수가. 제가 일기를 끝내야 하는 이유는 앞서 말씀드린 대로 시간이 없을 것 같습니다. 어느 두 친구한테는 어제 말씀드려야 했었는데 좋은 시간이고 해서 말씀을 못 드렸지요.

6월 30일부로 제가 다니는 공장에 일이 없어서 휴업을 하게 됐습니다. 아직 제 마누라도 모르지요. 거의 모든 것, 종업원 등 기타 정리가 됐지요. 저도 다른 일도 찾아봐야하고. 그렇다고 집에 가서 일기 쓰기도 그렇고. 그동안 제가 너무 까불었나봅니다. 하하……. 그런 건 아닌데.

오늘 오후 다른 공장에 갔다가 3D 업종, 더럽고(Dirty), 힘들고(Difficult), 위험한(Dangerous)에 취직하기로 했어요. 방글라 친구가 하던 일을 내가 맡아서 하니 나는 방글라데시 대타? 그전엔 그래도 베트남 애들 월급 주고 그랬는데 인생이 거꾸로 가니, 팔자지 뭐. 그래도 영락없이 우리 사랑하는 용마루 방에 들러 수다를 떨고 또 할 이야기는 해야 되겠기에.

내일부터 일기를 쉴까 합니다. 분화구가 사랑하는 우리 용마루 방 모든 여러분 너그러이 용서해주시고. 일기는 몰라도 컴에는 자주 오게끔 노력하겠습니다. 부디 다른 방에 가시지 마시고 우리 죽을 때까지 52년 용띠 방에서 죽읍시다. 너무했나?

그동안 저의 일기를 사랑해주신 용마루 모든 회원님. 너무너무 고마웠습니다. 어느 때는 용기를 주시고, 어느 때는 반성의 기회를 주시고, 사랑해주신 댓글에 제가 더 힘이 됐습니다. 그리고 못하는 컴도 가르쳐주시고.

아무쪼록 여러분 가정에 화목과 건강과 행운이. 지구가 끝나고 달빛이 발할 때까지 함께 하시길 빌겠습니다. 우리 만남은 우연이 아니지요. 서로 사랑합시다. 고맙습니다.

가문에영광

분화구 친구님! 힙냅시다. 우리는 더 힘든 IMF도 이겨냈습니다. 나도 그때 다니던 회사가 부도나고 어려운 생활을 해본 적이 있었습니다. 아침에 출근한다고 나와서 놀다가 들어가고. 어디 그게 나 혼자만의 일이었습니까? 우리 나이에 일할 수 있다는 것에 감사하고 살아봅시다. 일기는 다음에 또 쓰면 되지요. 생업이 우선입니다. 먼저 공장에 개들이랑 심어놓은 작물들이 주인을 잃음에 불쌍하게 되었네요. 분화구 친구님, 아직 우린 초면이지요? 우리 다음에 만나면 이슬이든 뭐든 마셔봅시다. 파이팅!

4부

군대 스토리

입대하던 날 · 1

- 군대 이야기 · 1

앞서 밝힌 바 있지만, 이왕 졸병으로 갈 바에야 매도 먼저 맞는 게 낫다고 병무청에 가서 "저 군대 일찍 보내주세요."했더니 "너는 인마 체력 등급이 갑종 1급이라 제일 먼저 가. 걱정하지 말고 있어." 그래서 기다렸더니 정말로 제일 먼저 군대에 갔다. 내가 간 곳은 원주 38사단, 그 이름도 전국에서 제일 악독하다는 훈련소다. 입소하기 전날 같이 입대하는 친구들이랑 원주행 특급 버스를 올라타고 긴 말로만 듣던 군대 생활의 시발점으로 향했다. 대고모 할머니가 버스 타는 데까지 배웅해주시고.

여관에서 친구들이랑 하룻밤을 자고 그 이름도 유명한 돌아오지 않는 다리를 건너 그야말로 아오지 탄광에 끌려가는 신세같이 긴장을 하면서.

아침부터 그곳에서 신체검사와 주사를 맞았다. 주사도 왜 그렇게 많이 주는지 거기엔 안 서는 주사도 있다나? ㅋㅋ 그리고 밥 먹고 머리 깎고, 저녁 먹고, 중대 배치를 하려고 인원 파악을 하는데 가로, 세로, 앞으로, 뒤로 몇 번을 세어보아도 한 사람이 더

왔다.

겨울철에다 원주 산골짝에다 어두움은 일찍 오고 암만 세어도 분명 간첩인지 뭔지 한 놈은 더 오고. 하는 수 없이 모두 세워놓더니 이름을 부르는 대로 그 자리에 앉으란다. 절반을 불러도 거의 다 불러도 내 이름은 없는 거라. 내가 잘못 들었나? 나중에나 너 이름 불렀는데 왜 남아있느냐고? 나 이러다 고문관, 군대용어로 약간 어리버리한 군인을 뜻하는 고문관 소리 듣는 거 아니야. 속으로 슬슬 겁도 나기도 하고, 결국 남은 건 이 호구였다.

이건 분명 내 잘못이 아니고 수원시 병무과도 아니고. 고문관은 그쪽 기간병, 부대 근무하는 사병들이 고문관이었다. 나를 지프차에 태워서 사단 사령부까지 가서 확인하더니 나를 중대 배치시키는데 그 깜깜한 밤중에 여기저기 확인하려고 돌아다녔으니 그 시간이 오후 8시 반 정도. 중대를 배치 받아 들어갔다. 그랬더니 다른 놈들은 벌써 지급품을 다 받아 놓은 거라. 다른 건 다 좋은데 내일 당장 밥 먹을 숟가락이 없으니 걱정이…….

입대하던 날 · 2

- 군대 이야기 · 2

바지는 크면 큰 대로, 모자는 작으면 작은 대로, 군화고 통일화(농구화 같이 생긴 운동화)를 주는 대로 받고, 숟가락은 모자라서 못 받고……. 그래서 옆에 있던 수원서 간 모르는 친구한테 나 숟가락 없는데 누구한테 더 없을까 하고 물어봤더니 그놈이 한 개 더 가졌단다. 그러면서 나한테 준다. 이렇게 반가울 수가. 먹고 사는 게 뭔지, 아무 생각 없이 숟가락 하나 때문에 이렇게 반가울 수가.

다음 날 그 반가운 숟가락으로 맛도 없는 군대 취사장에서 김으로 익혀서 만든 군대 짬밥을 억지로 한 그릇 먹었다. 그것도 며칠 지나니까 배도 고프고 그래서 그런지 맛이 들었다. 추운 날 아침부터 저녁까지 발을 맞추어 가는 제식 훈련에 선착순에 밥 한 그릇 먹고 반나절을 뛰니 배가 고플 수밖에.

일주일 정도 되니까 몇 놈은 조교들이 기거하는 중대본부에 밥 먹고 나서 줄을 서 있는 거라. 왜 그러냐 하면 배고파서 중대본부 조교들이 먹다 남은 거를 버리려고 빠께스에 담아서 나오는 거를 먹으려고 줄 서 있는 거라. 나도 좀 얻어먹으려고 했더니 한 놈이 빠께쓰를 통째로 낚아채면서 도망가는데 몇 놈이 줄다름질해 쫓아간다. 나도 조금 따라가다가 안 갔다. 개새끼들 치사하다고, 니덜이나 잘 처먹으라고. 그놈들 잘 처먹었겠지?

이런 놈도 있었다. 얼마나 배고프고 게걸스러운 놈인지. 훈련병들이 맛이 없고, 아프고 등 해서 밥을 남기는 애들이 있는데 식기 세척장 옆에 도라무통이 있는데 거기다 버리면 대가리 처박고 그걸 퍼먹는 놈이 있었다. 암만 배고파도 나는 그 짓은 못해.

앞으로 계속 되겠지만 이런 이야기를 일기로 썼으니 보안 검사에 안 걸려? 당연히 맞을 짓이지. 중대가 다 뒤집어 졌으니까 1시간 반 동안 기합 받고 나는 뒤지게 매 맞고. 그렇다고 일기를 거짓으로 쓸 수는 없는 일이다.

한 번은 취사장에 밥 당번을 하러 갔다. 기간병 하나가 내 앞에 와서 내 손을 우연히 보더니 “너 사회에서 고생했지?”한다. 그래서 “고생 안 했어요.” 그랬더니 “니 손 보면 알아.” 그러면서 밥 먹고 나서 자유 시간에 취사장에 오란다. 내 손마디가 굵은 편이라 고생했다고 생각한 모양이다. 그래서 자유 시간에 갔더니 밥을 남겨놨다가 더 주는데 얼마나 좋은지. 그 이튿날 그거 먹고 배탈이 나서 혼났네.

그때는 지금처럼 플라스틱 식기라고는 없고, 한 사람 앞에 양재기로 된 밥그릇 한 개, 똑같은 국그릇 한 개뿐이었다. 밥그릇에다 반찬 얹어먹는데 반찬이라고 해야 대개 김치하고 한 가지 더 나오는 정도였다. 그렇게 두 개씩을 나누어주고, 밥 먹고 나면 잘 씻어서 밤 9시에 인원점검 및 정리정돈 점검시간인 점호 때 검사를 맡아야한다.

그런데 그곳은 치악산 밑이고, 춥고 눈은 쌓이고 물은 졸졸 나와서 제대로 닦을 수가 없다. 한 놈이 물을 받아서 닦으면 다른 놈은 그 닦은 물로 제 그릇 닦고. 그야말로 말도 아니었다. 빠삐용도 그렇게 했을라고? 한 번은 저녁밥을 먹고 전깃불도 하나뿐이 없는 컴컴한 시기 세척장에 식기를 닦으려고 갔는데…….

앵두

같은 해 태어났는데도 여자랑 남자랑 커온 과정이 이런 게 다르네요. 먹고 살기 위해 그 고통을 당할 그 시기에 여자들은 어떤 옷이 어울리나 하고 읍내 양장점에 들락거렸답니다. 좀 미안한 감도 있네요.

가문에영광

원고료는 못 주드라도 글씨 쓸 때 먹으려고 새우깡 값정도는 제동들 좀 하슈. 73년도 겨울은 우지랄하게 추웠다우. 분화구 친구 군번이? 난 73년 11월 군번인디.

이장

영광이는 11월 군번이구나. 난 논산훈련소 03월 군번인데. 훈련 중에 오침 시간도 주고, 사역 나가면 포플러 묘목장에 물 주고 29연대에서 훈련을 받았는데. 난 배고팠던 생각은 안 나고 야간 점호 안 받으려고 연무대 극장에 자주 갔었던 일만 생각이 나네. 배출대에서 우리 연대 동료 이름이 다 불러졌는데 내 이름이 제일 마지막으로 불러져 마음 졸이던 생각이 새롭네.

물안개

분화구님 그런 이야기들을 군에서 일기로 썼으니 매 맞고도 맞지? 아이구 분명 주의를 했을낀데 그 땐 뭘 하시다가. 아고 불쌍혀. 원고료는 없어도 새우깡 정도는 사줄 수 있는데. 다음 이야기 술술 풀어봐요.

식기 닦음과 점호

- 군대 이야기 · 3

어두컴컴한 식기 세척장으로 갔는데 물은 한두 방울씩 나오고, 훈련병들은 한 줄로 서 있다. 어떤 아이들은 식기 닦은 물을 인계 받으려고 줄로 서 있고. 나도 기다리다 점호시간은 다가오고. 그래서 꾀를 썼지. 그때는 2월 초라 눈이 많이 쌓였었다. 그래서 그 눈을 한 그릇 퍼가지고 닦으려 하는데 뭐가 뭉클한다.

'에이구, 이게 뭐야'하면서 그래도 빨리 닦아야하겠기에 눈 딱 감고 식기를 닦고 다음 훈련병에게 넘기고 내무반에 들어왔다. 암만 생각해도 그것이 무엇이었을까. 그곳 훈련소는 화장실이 멀어서 2, 3명이 같이 가야한다. 탈영할까봐. 그래서 누가 먼 화장실까지 가기 싫으니깐 가까운 곳 한적한 데서 실례를 한 모양이다. 여기서 실례란 말은 각자 생각해보시기 바란다.

그 식기? 저녁에 점호만 받고 다음날 아침 식기를 차곡차곡 다 걷어서 배식 당번이 한 그릇은 밥, 다른 한 그릇은 국, 밥 위에 반찬 두어 가지. 그 밥그릇 내가 먹었는지는 모르지. 다른 놈이 먹었으면 다행이고. 그렇게 물이 모자랐다.

그것도 훈련이라나? 지금 같았으면 난리 났었겠지. 엄마들이 쫓아오고 아버지들이 쳐들어오고. 하기야 해병대나 공수부대, 특수부대 출신들이 들으면 웃기는 이야기지만.

배가 고팠던 이야기 두 가지만 더 야외 교육장에 나가면 왜 그렇게 더 배가 고픈지. 점심 먹고도 금방 배고픈 거 같아. 밥 먹고 바로 삽 들고 칡뿌리 캐먹으러 몇 놈이 쉬는 시간에 삽 들고 훈련장 산에 돌아다니는데 칡은커녕 먹을 거라고는 하나도 없고. 쑤시고 돌아다니는 바람에 배는 더 고프고 PX엔 빵이 왜 그리 일찍 떨어져 훈련소 울타리 밖에서 아주머니들이 빵을 팔면 조금 달라고 쫓아다니는 놈들이 그렇게 많은지. 그럴 땐 제일 안전하게 먹을 때가 변소, 요새 말로 화장실. 아마 3분의 1은 그랬을 거다. 나도 그 축에 속하지만.

말로만 듣던 훈련소, 배고프고 내 지급 장비 없으면 서로 훔치고 걸리면 싸우고 매 맞고. 훈련소 거의 끝날 즈음, 훈련병들의 애로사항을 시험지 써 내면 아무에게도 알리지 않고 중대장 혼자만 보며 해결해준다고 중대장 소원 수리를 쓰란다. 같이 온 우리 친구들 몇 명이 하룻밤 자고 입영하는 날, 집에서 가지고 온 돈을 어디다 맡길까 상의해서 제일 안심하다고 한 곳에 맡겼는데……, 교회.

가문에영광

예비사 군번은 알 수가 없어서리. 12418279 이놈의 군번은 잊어먹으려구 해두 잊혀지지 않으니 원! 해도 해도 끝이 없는 군대야 그 요즘 애기들은 2년도 채 못하고 나오는데 총 분해 결합이나 배워서 나올려나? 자 다음 시리즈로 넘어 가보세나. 논산 훈련소처럼 모자 벗겨간 것 없나보제?

알파

군대 얘기하니 갑자기 엄마 생각이 나네. 우리 큰 오라버니가 군대 생활할 적에 강원도 아주 힘든 데서 했나 봐요. 옛날에는 산에서 나무도 하고 고생을 많이 해가고 휴가라고 오면 발뒤꿈치가 엉망이었나봐요. 그 발을 보고 울고 계셨던 게 생각이 나네요. 그때는 무지 군 생활이 어려웠던 시절 같아요. 나 어릴 적에 어렴풋이 생각이 나네요.

자대 배치와 신고식

- 군대 이야기 · 4

돈을 교회에 맡겼는데 중대장이 소원수리를 쓰라고 한다. 소원수리 쓰기 전 중대장이 하는 말, "훈련받고 이대로 차를 타고 다른 부대로 팔려가면 돈 못 찾으니 써라." 그 중에 두 명이 써서 냈다. 물론 나는 안 썼지. 못 찾으면 그만두지 뭐. "그 교회에서 떼어먹겠어?"하고 두 명이 호출되어가서 나머지 애들도 그렇다고 다 불려갔다. 중대장실로 가서 그 대위 놈한테 각자 면담을 하는데 그중 내가 맡긴 돈은 액수가 그렇게 많지는 않았지만 그 중에 제일 많았던 것 같다. 중대장 하는 말 "그 돈 중 일부 네가 좋은데 떨어지게 해줄 테니 그리 알라."고 해서 '그러라'고 했다. 중대장이 그러는데, 야 이등병도 아닌 훈련병이 뭐 재간이 있어? 정주영 회장이 전두환이한테 땅 뺏긴 것 같은 꼴이지.

그리고 며칠 후 일명 돌아오지 않는 다리를 깜깜한 밤중에 트럭 호송차로 건너 밤 열차를 타고 의정부 보충대로 가서 2주 교육을 받고 내가 3년간 근무할 부대로 트럭을 타고 갔는데 정문부터 보초서는 위병들의 눈초리가 살벌했다. 차에서 내려서 신고

하고 가라고. 그래도 인솔 장교가 '무슨 소리 하는 거냐?'고 해서 다행히 안하고 들어갔다.

그런데 본부반에 들어갔더니 분위기가 벌써부터 싸늘하다. 그 날은 토요일이라 높은 사람들도 없으니깐 왕고참들이 술 먹고 맛이 간 사람도 있고, 잘못하다간 죽을 것 같았다. 우리하고 같이 간 사병들 중에는 월남에서 근무하고 군 생활이 조금 남은 그래서 재배치되는 고참 병장도 있었다. 고참이라도 새로운 부대에 처음 가니 신고하라는 것이었다.

내무반에 들어가자마자 신고가 시작되었다. 본부중대 내무반 침상에서 열중쉬어 차렷부터 시작하여 계급 순서대로 서서 일렬로 약 10명이 신고하면 온몸을 매 맞고 또 하면 꼬투리 잡아서 또 맞고. 나는 배를 주먹으로 맞는데 창자가 꼬이는 느낌을 그때 받아봤다. 손으로 만져보니깐 단단하고 얼마나 아팠던지 지금도 그때 생각하면 악이 바친다. 하여간 몇 번을 되풀이하고 이러다간 월남 철수 병장이 본인도 괴롭고, 같이 간 졸병들도 힘들어하니깐 "나 신고 안 해. 내가 새끼들아 월남에서도 죽다가 살아왔는데 내가 왜 신고하냐."하면서 밖으로 뛰쳐나가는 것이었다. 그러더니 조금 지나니까 난리가 났다.

그 월남 병장은 신고를 안 한다고 돌로 자기 손등을 찍은 것이었다. 그 병장은 응급실로 가고 우리들은 그 병장 때문에 신고

안하고 그냥 잤다. 그 병장이 우리를 살려준 것이었지.

그리고 그 밤은 지나고 다음날 아침 부대가 난리가 났다. 일요일인데도 부대 간부들이 다 들어오고, 어떤 놈이 신고를 하게 했느냐, 왜 그랬느냐 등……. 알고 보니 그 월남 병장 자기 손을 돌로 쳤는데 손가락이 부러졌단다. 그리고 후송 가고. 그래서 본부중대 내무반 고참들은 신고를 시켰다고 뒤지게 매 맞고, 기합을 받고. 영창까지 갔는지는 모르겠다. 그 이후로 우리 부대에서는 전입신고가 아예 없어졌다. 우리들 때문에, 아니 그 월남 병장의 희생 때문에.

밤중에 신고하기도 바빠 그 부대가 좋은 부대인지 힘든 부대인지도 감을 못 잡고 잤는데, 낮에 동기들 몇이서 알아보니깐 좋은 부대란다. 군수물자 각 부대에 지급해주는 병참대대! 10만 병력을 지원해주는 보급소. 거기에는 원주 훈련소에서 숟가락 준 놈하고 같이 갔다. 훈련소에서 거기까지 같이 갔다. 지금도 만나지만. 옛날에는 끗발 없으면 못 가는 부대였단다. 나는 '원주 훈련소에서 중대장에게 상납해서 그곳으로 갔나?'하는 생각를 했다. 잘한 일인지 잘못한 일인지. 그리고 그 이튿날 그 친구와 같은 울타리 내 다른 중대로 갈라지고. 그리하여 졸병 시절은 시작됐다.

가문에영광

흠 나보다 쪼깨 고참은 확실하구만! 월남 철수 병력들이 같이 근무하기는 나도 했지만 대단하네. 군대 동기를 지금까지 만난다는 것은 사내로서의 의리가 있다는 뜻! 그치? 내도 소위 말하는 고문관 노릇을 좀 해가지고 맞기도 많이 맞아봤는데 으이그. 그래서 다음번에는 병참 주특기로 헐렁하게 지내다가 제대하셨구만? 뇌물 제대로 썼네 뭐.

야근과 제대 장병과의 대화

- 군대 이야기 · 5

중대에 팔리자마자 나는 2종 피복계로 떨어졌다. 그날부터 야근이란다. 사무실 근무병으로 떨어졌는데 몇 명이 휴가 가고 일할 사람이 없단다. 가자마자 야근이다. 사무실에서는 졸병 왔다고 환영이다. 고참들이 막걸리 사주고, 빵 사주고. 그 달은 피복 결산기일 달이다. 여기서 군대 안 간 여자 친구들을 돕기 위한 설명을 하자면 그날은 피복 결산기일이었다. 말하자면 연중 피복 재물조사를 하는 날이었는데, 이런 날은 군에서 지급해준 피복을 1년에 한 번 재고를 파악하는 날이다. 다시 말해서 잃어버리지는 않았는지, 제대로 있는지를 결산하는 작업이다.

대강 이렇게 이야기하고 사무실에서 야근하고 늦게 들어갔더니 내 자리에 잠잘 자리가 없는 거라. 그래서 귀퉁이서 3월 초에 맨 마룻바닥에 담요도 안 깔고 울퉁불퉁한 매트리스를 배 위에 덮고 잤다. 그날 첫날밤은 마룻바닥에 배때기만 덮고 잤다.

3일 정도 지났을까? 금요일 제대 장병이 내일 제대한다고 제대개구리복을 타놓고 목욕을 하고 나서 나한테 묻는다. “야, 졸병 너 언제 제대하냐." 그래서 내가 "예, 저 75년도에 제대합니다." 그랬더니 "75년도가 돌아오냐." 그래서 내가 "예, 돌아옵니다." 그랬더니 "그래 그런 마음으로 군대 생활해라." 그랬다.

그 기나긴 시간이 3년이 아닌 30년 제대한지도 30년이 넘었으니 세월이 무상함이 앞으로 30년? 나도 가고 너도 가겠지.

고참에게 맞은 일

- 군대 이야기 · 6

내가 근무하는 곳은 150병참 보급소다. 나는 5개 사단, 2개 여단, 67개 부대. 도합 약 10만 명의 의복, 옷과 신발, 모자를 지급하고 관리하는 피복계다. 끗발이 끝내주는 곳이란다. 좋은데 떨어졌다고 남들은 부러워한다. 그런데 좋은데 떨어지긴 무슨……. 맨날 밤 10시 11시까지 야근에다 졸병은 작업병으로 불려 다니고. 한마디로 일병 달 때까지는 피복을 차에다 실어주는 상하차 일로 아침부터 저녁때까지 일만 직사하게 했다.

어느 날 아침, 아침 식사를 하고 창고에 상차 작업을 하러 나가는 도중 줄 맞추어 걸어 나가는데, 지금은 이름이 기억에 없지만, 인솔자인 상병 하나가 건빵을 먹으면서 가길래 "김 상병님 건빵 하나만 주세요."했더니 "졸병 놈의 새끼가 어디서 고참한테 건빵을 달래."하면서 군홧발로 내 정강이를 내리 걷어찼다. 얼마나 아팠는지. 정강이가 까지고 피가 났다.

그곳이 딱지가 지는 듯하다가 곪고, 한 달 동안을 그래서 부식에 나오는 닭고기, 돼지고기 등을 먹어서 그런가하고 한 달 동안을 안 먹어도 낫지를 않았다. 그래서 이왕 안 낫는 거 '에라 모르겠다, 막 먹자.'하고 맘대로 먹었더니 제대로 딱지가 앉고 나았다.

그놈의 건빵 하나 달랬다고 얻어먹지도 못하고 정강이, 군대말로 쪼인트를 군홧발로 걷어차여서 3개월씩이나 앓고. 왕고참한테 겁대가리 없이 말단 졸병이 먹는 거 달라고 했으니 맞아도 싸지. 맞은 지 33년이 지났는데도 그 자리엔 여태껏 흉터가 있다. 군대 상처는 없어지지도 않아.

내가 먹는 거 너무 밝혔나? 나만 그런 게 아니고 군대 간 사람 다 그럴걸. 여자 친구들은 몰라.

가문에영광

당연히 여자들은 모르지. 나도 쪼인트 무지 까졌지. 난 ATT 훈련 중에 하사가 민가에서 얻어온 김치를 먹는데 젓가락 댔다가 그 자리에서 돌려차기로 한 대 맞고 기절한 적도 있었는데. 구연만 하사 79연대 수색중대 혹 이 글 보려나? 동갑이었는데 이등병을 그렇게 때리다니 홍부가 기가 막혀가 아니라 육군 이등병이 기가 막혀. 분화구님 언제 동동주 시켜놓고 군대 얘기 한 번 해보자구요!

고참과 작업 도중 말다툼

- 군대 이야기 · 7

군대란 그때 당시는 잘해도 잘못해도 일주일에 한 번은 빠따다. 군대 말로 몽둥이로 업어놓고 엉덩이 때리는 걸 빠따라 한다.

한 번은 전방에 기름 드럼을 화물차에 싣는 작업인데 6개월 고참이 나만 시키는 것이었다. 나도 기름이 꽉 찬 알도라무(빈 드럼통)를 굴리고 세우는 것은 신병들이 들어오면 시범을 보일 정도로 일을 잘했는데 자꾸 옆에서 간섭하고 시키고. 제 딴에는 나를 관심 있었나? 좋아했나. 하여간 열 받아서 내가 왜 자꾸 나만 그러냐고 대들었다. 그때는 6개월 고참이면 그래도 높은 편이라 말 한마디 한다는 것. 그것도 싸움 건다는 것은 상상도 할 수 없는 것이었다. 결국 주먹까지 올라가기 직전까지 가다가 왕고참한테 들켜 그날 저녁밥 먹고 우리 동기들 모두 집합되어 빠따를 맞았다. 그 다음날 아침에도 또 다른 고참들한테 맞고……. 나 때문에.

한 번은 또 사무실에서 나보다 위 고참이 사무실 왕고참한테

예의 없이 깝쭉댔다고 사무실 사병들 다 집합시켜놓고 고참 순서대로 서서 빠따를 친단다. 줄 서고 나니 내가 제일 졸병. 내 앞에 10명 이상이 대기하고 있다. 내가 맞을 때까지 언제나 기다려. 맞는 거 보기만 해도 아플 것 같아. 옛말에 매도 먼저 맞는 게 낫다나? 그래서 겁도 없이 저 먼저 때려주세요. 하고 나섰더니 고참이 하는 말. "야 이 새끼야 들어가. 매도 순서가 있어."하는 것이었다. 그것도 몰랐으니. 그래서 그 다음부터는 매 맞을 때 순서는 꼬박 기다렸다. 마음이 쓰리고 아프든 간에 뒤지게 빠따를 맞았다.

진실한

분화구님 택배 잘 받았고요. 군대 빠따를 지금도 기억하고 계시니 머리가 되게 좋으십니다. 좋은 일들만 가득하옵소서.

축구와 페치카

- 군대 이야기 · 8

남자들이 군대 이야기, 축구 이야기 안 하면 안 되지. 여자 친구들은 왜 축구 이야기는 안 하나 했을 거다. 그렇다고 보초 서고 훈련하고 그 시간 빼고 맨날 축구 하는 것은 아니다. 축구는 많아야 일주일에 한 번 정도 아니면 한 달에 한 번 정도. 국군의 날이라던가 아니면 부대 행사 때 축구를 한다.

나도 초등학교 때부터 축구에 미쳐서 학교에 며칠씩 빠지고 엄마한테 뒤지게 꼬집히고 했던 몸이다. 그런 덕분으로 군대 가서 중대 대표로 뽑혀 무슨 행사 때면 꼭 뛰어서 펠레 소리를 한 번 들어봤지만. 지금은 다 귀찮으니. 꼰대가 돼서 그런가?

오늘은 축구 이야기는 아니고 축구 골대 이야기다. 어느 겨울이었었는데 내부만 페치카 당번이 불을 꺼트렸다. 고참들이 난리가 났다. 추워 죽겠다고 그 당번 놈 장덕환이 우리들 동기인데 저녁밥 먹기 전까지 안 피워놓으면 니들 동기들 다 죽인단다. 그래서 할 수 없이 동기들끼리 머리를 짰다. 나무는 없고……. 우리 부대는 전방이 아니고 서울 근교 퇴계원 논두렁 가운데 있는 부대다. 그러니 장작 구하기가 난감해서. 축구 골대를 가져오기로 했다. 그때는 축구 골대가 나무로 되어있었으니까. 그래서 어두컴컴한 틈을 타 조를 짜서 축구 골대를 부숴가지고 페치카를 피웠다. 그날 저녁 연병장에 축구 골대가 사라졌다. 내일 일은 걱정하지 않고…….

다음날 아침 장교, 선임, 하사 등 부대 간부들이 출근하면서 제일 먼저 보는 것이 연병장인데 연병장이 허전한 거라. 뭐가 없어졌는데 뭔지 모르겠고 자세히 보니 축구 골대가 없어진 거라. 우리 부대는 4개 중대가 있었는데 총인원은 거의 400명 정도 됐다. 보병이 아니고 특수 지원부대라 그랬다. 대대 인사계 상사가 부대 사병들 다 집합시키고 축구 골대 누가 없애느냐고 물으니 나올 턱이 있나. 우리가 그랬는데 오래도록 다그쳐도 안 나오니까 기합으로 연병장 몇 바퀴 뛰고 말았다. 우리들 때문에 다른 중대 애들도 기합 받고. 군대란 다 그런 것이지. 모든 게 단체로 하니깐. 축구할 때도 지면 졌다고 축구 선수들만 기합 줄 일이지. 응원한 놈들도 기합을 받으니 같은 중대라고.

오늘 밤에도 군대 생각이 난다. 그 팔팔했던 시절. 그 팔팔했던 시절이 다시 돌아올 수 있다면. 에구, 그놈의 세월. 내일 토요일 군대 동기들 두 달에 한 번 만나는 날인데 11명이 부부 동반하면 22명. 그중에 바빠서 못 나오는 친구도 있겠지만 나는 아들

놈이 외박 온다고 마누라가 나만 갔다 오란다. 경기도 전곡에서 1박2일로 먹고 올 모양이다. 내일 나라도 가야지. 회비 4만원 들고. 아들놈 때문에 부부동반을 못하니. 왜 하필 이럴 때 나온데 그 자식. 뭐 되는 게 없어.

앵두

생생한 청년 시절 그래도 군 생활이 그립지요? 돌이켜보면 모든 것이 추억이라. 분화구님의 추억 무척 재미있어요.

여장부

얼마 전 군대 간 조카 면회하러 갔더니 (국군통합병원) 어찌 전쟁도 안 한 나라에서 병원에 팔다리 깁스한 군인들이 수두룩, 흐미 현기증이 다 나네. 내가 가만 있었겠수? 느덜은 전쟁도 안 한 군인이 왜 이리 많이 다쳤냐 했더니 축구하다 그랬다네. 울 조카 놈도 그래서 입원했던 거였구. 소대장이 시키면 안 할 수가 없다 하데요.

진실한

아들하고 같이 가면 됩니다. 다 지난 일들을 기억하고 글로 표현하고 있으니 2006년 수필 부분 경기일보나 경인일보에 도전하면 1등으로 당선될 것으로 믿어봅니다.

군대 동기 모임

- 군대 이야기 · 9

지난주 토요일 군대 동기들을 만났다. 두 달에 한 번씩 만나는데 두 번째 일요일 요번에는 무더위도 피할 겸 총무 보는 놈이 1박2일로 하기로 하고 포천의 시원한 계곡에서 토요일 오후부터 일요일 저녁까지 11명의 동기가 부부 동반해서 다 집합하면 22명을 만나는데 19명 집합, 세 사람만 빠졌다. 우리 마누라와 동기 한 명 부부. 나는 아들놈이 휴가 나와 마누라가 못 갔고, 동기 한 명은 오다가 아버지가 아프셔서 집으로 유턴했다. 그만하면 집합률 괜찮은 거다.

모이자마자 군대 얘기. 축구 얘기는 없다. 방송에서 이야기하는 군대 갔다 온 사람 축구 얘기는 모두 지어낸 말이다. 나중에 축구 골대 이야기도 하면서 웃었지만 우리는 병참 부대라 거의 30년을 만나도 도둑질 얘기가 나오질 않는 날이 없다. 내가 모르는 새로운 이야기. 이제 30년이 지났으니 공소시효도 지났겠지?

그래서 그날 들었던 이야기 몇 가지만 털어놓을까? 페치카 당번인 장 아무개가 하루에 한 번 난로 재를 영외로 내다 버리고 오는데 리어카로 버리고 온다. 그래서 어떤 동기 놈이 새 모포를 팔아오라고 하면 밖에 재를 버리러가는 척하면서 재 속다 모포를 숨겨 내다 팔곤 하는데. 갔다 와서는 재 속에 넣었더니 누렇게 변해서 제값을 못 받았다고 반값만 주더란다.

또 한 가지 사병 취사식당에서 있었던 일이란다. 사병 식당에는 사병만 식사를 하여야 하는데 하루는 모 선임하사인 중사가 점심에 들어와서 먹었단다. 마침 그때 대대장 중령이 식당에 들어왔단다. 그러니까 모 중사가 "충성!"하고 경례를 대대장에게 붙이더니 "오늘 메뉴는 좋으니 대대장님도 들어보십시오."라고 했단다. 그랬더니 대대장이 "야 일어서."하니깐 주춤했단다. 일어서는 순간 대대장이 밥을 먹고 있는 입에 따귀를 치니깐 밥알이 사방으로 다 튀었단다. 그러더니 대대장이 "야 임마, 너는 식대가 다 나가는데 왜 사병들 밥을 뺏어 먹어. 다 집에서 먹으라고 봉급 주는 거 아니냐." 그러면서 혼을 냈단다. 웃어야할지 씁쓸한 얘기다. 그때는 왜 군대가 그랬는지.

그날 저녁 술 먹어가면서 각자의 모르던 30여 년을 이야기해도 끝이 없는 재미있는 이야기를 서로 해가면서 마누라들도 잘은 모르지만 공감이 가면 서로 웃고 하면서 긴 밤이 짧게. 세월이 가는 줄 모르게 잘 먹고 잘 놀았다. 잠잘 때까지 모두가 웃는 얼굴. 일어나서도 웃는 얼굴. 새벽 5시에 일어나서 해장으로 맥주 한 병하고 나서 투망질 해 물고기 19마리 잡아서 매운탕에 소주 한 병. 마누라가 같이 못 와서 섭섭했지만 그 아들놈 때문에.

마누라가 참석 못 해서 술은 마음껏 먹었으니깐. 집에 와서는 소주 2잔뿐이 안 먹었다고 했지. 지금도 요건 모를 걸?

가문에영광

우짜면 그리 기억력이 좋누? 그리구 그 동기 녀석(죄송)들 의리 진짜 좋으네! 난 동기도 없구 에구, 군대 얘긴 고문관 하던 기억밖에 없으니 원.

진실한

공병대 취사장 이야기. 닭 나오는 날 취사장서 얼쩡거리다가 선임하사한테 손오공 주걱으로 군복에 한 대 맞는 게 그 손오공 자국이 빨아도 빨아도 안 지워져서 또 선임하사한테 관물 검사하다가 뒤지게 맞았음.

이럴 수가 있을까?

- 군대 이야기 · 10

저번 군대 동기들 모임이 포천 시원한 계곡에서 1박2일 있어서 부부 동반하여 잘 다녀왔다. 토요일 하루 휴가를 내 갔다 왔다.

그게 문제가 아니고 전화가 왔다. 모임에 가는데 어디서 만나서 가느냐. 어느 쪽으로 가느냐고. 가기 전 나하고 같이 훈련소 들어가 내 옆에 있던 나보다 군번이 하나 빠른 그 친구한테 전화가 온 것이다.

그 친구 군번이 끝자리가 4635 나는 4636였다. 그 친구 집 전화번호가 끝자리가 7746 암만 봐도 어디서 많이 보던 번호인데 그래서 다시 봐도 7746. 그전에도 많이 만났지만 휴대폰으로 했지 집 전화로는 처음이다. 처음도 그 친구가 요즘 몸이 안 좋아 집에 있는 바람에 집 전화로 한 거다. 햐, 기가 막혀도 이럴 수가. 우리 집 전화번호는 끝자리가 7747인데 그 친구 집은 7746. 전화번호도 하나 앞이네?

정말 이럴 수가 있을까? 참말로. 난 왜 이렇게 이상한 일만 생겨. 그래서 모임에 가서 그 이야기를 했더니 동기 놈들 웃겨도 되게 웃긴다고 아우성이다. 그놈들 하는 말 그러니 니 두 놈은 떨어지지 말란다. 그래 죽을 때까지 떨어지지 말고 건강해야 할 텐데.

해도

군번은 작은 숫자가 앞서지만, 집 전화번호까지 숫자 하나가. 분화구 난 7748이네 그럼 나도 하늘나라 갈 때까지 끼워주나? 역시 친구는 인연이 있어야. 용마루도 아무나 친구가 안 돼. 인연이 있어야 친구지? 건강하고 오래오래 좋은 우정 간직하게.

곰지

좋은 인연을 만들어가며 삶을 영위하는 분화구가 부럽군. 나도 지난주 토요일 군대 생활 함께한 내무반 동기 부친 문상을 밤새워 영덕까지 혼자 다녀왔는데 인연의 깊이를 새롭게 생각하는 글일세 그려. 다른 거 다 잊어버려도 군번(12359021)은 안 잊어버려.

유격장에서의 이야기

- 군대 이야기 · 11

바야흐로 가을이다. 이맘 때 쯤이면 군에서는 1년에 한 번 체력 및 정신 무장의 강도 높은 유격훈련을 받는다. 훈련기간이 대개는 3일에서 1주일씩 훈련을 받는다.

군에 들어간 지 9달 째 되는 시기였다. 우리는 자대 유격이라고 그리 세지 않은 유격훈련을 받았다. 경기도 청평지나 현리라고 있는 데서 받았는데 첫째 날을 잘 받았다. 사람을 이리 굴리고 저리 굴리고 흙강아지처럼 굴렸다. 둘째 날은 오후에 물에 들어가는 날이란다. 오전에 훈련을 마치고 고참 일병이 오후에는 물에 빠지는 시간이니 밥 먹고 도망가잔다. 그래서 그러자고 했다. 걸리면 뒤지는 건지도 알면서 겁대가리도 없이. 밥을 먹고 산골짜기를 올라가 산등성이를 두 개를 넘고 산등성이에서 고참 일병과 내가 훈련장 아래를 보니 물에 빠지고 난리들이 났다. 옷은 다들 젖고. 그러고 보니 우리를 잡으러오는 것 같고 겁이 나 산등성이를 한 고개 또 넘고.

해가 서산에 기울 때 몇 고개를 넘어 훈련장으로 오니 젖은

옷들은 다 빨랫줄에 걸고 저녁밥들은 다 먹었는데 막사 최고참이 우리를 부른다. 니들 어디 갔다 왔느냐고. 그래서 솔직히 물에 빠지기 싫어 도망갔다 왔다 그랬다. 당연히 맞았지. 맞아도 싸지. 그런 것쯤이야 나도 아니깐. 패고 나더니, 그래도 밥 처먹으라고 우리 둘의 밥을 남겨 놨다. 얼마나 고마운지. 그것이 전우애다. 그리고는 도망갔다 온 죄로 막걸리 심부름을 시킨다. 당연히 해야지. 멀리서 막걸리 두 말을 들고 오느라고 고생은 했지만 맛있는 막걸리가 기다리고 있으니. 그런데 안주가 없잖아. 그랬더니 우리들더러 취사장에서 안줏거리를 훔쳐오란다. 군대서 하라면 해야지. 훔치다 걸리면 초상나는 줄 알면서도 별 수 있나. 물에 안 빠진 죄로 취사장에 가서 안 들키고 된장이랑 배추랑 두부랑 내일 아침 국거리를 거의 다 가져다 그날 저녁 막걸리에 잘 먹었다. 고참들은 우리들 때문에 신나고. 물에 안 빠지고 술 잘 먹고 고참 일병에 꾀여서.

다음날 아침 새벽에 전 훈련병 비상이 걸렸다. 누가 전날 국거리 다 훔쳐다 먹었냐고 나오라고. 우리들이 나갈 리가 있나. 애꿎은 놈들만 새벽부터 단체 기합 받고, 국물도 못 먹고. 밥에다 김치에다가 그날 아침 모두 다 그걸로 때웠다.

몇 십 년 지나도 가을이면 생각난다. 그때는 스릴, 모험, 걸리면 죽느냐 사느냐 갈림길인데 지금 생각하면 재미있는 것은. 그래서 남자는 군대를 가야 재미있는 일이 많지. 그 재미있던 일. 앞으로도 많다.

곰지

33년 전의 추억의 깊이로 여행을 유도하는 길이네요. 난 골병대 출신인데 춘천 샘밭 2공병여단 본부 술은 신나게 매일 먹었던 기억. 소양로 니나노집 찌그러진 주전자, 작부의 노래 그리고 부러진 상다리…….

닭서리

- 군대 이야기 · 12

오늘은 국군의 날이다. 오늘 같은 날은 군대 이야기가 빠지면 정말 허전한 날이다. 군대는 그저 용맹성과 기동성, 정확성이 있어야 한다. 뭔 얘기? 그중에서도 제일 먼저 민첩하게 움직이고 출동하는 게 5분대기조 이야기다. 자다가도, 놀다가도, 변소에 있다가도, 비상이 걸리면 5분 안에 전투 준비를 갖춘 태세로 전원 5분 안에 차에 승차해야 한다.

나는 말년 제대할 무렵에 5분대기조에 2개월간 있었다. 그곳은 제대 예정자들 휴식처. 졸병들도 오지만 언제 비상이 걸릴지 모르는 5분대기조에서 있어서는 안 될 사건이 있었다. 다름이 아니고 닭서리 사건이다.

그때는 아마 늦은 가을인 것 같다. 밤 12시쯤 고참들이 졸병 서너 명 시켜서 부대 근방 퇴계원의 닭 농장에 도둑질을 시켰다. 군대서 시키면 안 할 수 있나. 나도 시킨 공범. 비상이라도 걸리면 우리는 다 영창인데 그래도 그 졸병들이 1시간쯤 있더니 닭을 서리해왔다. 군대 더블백으로 3분의 2는 됐을까? 꽤 많은 숫자의 닭이 들어있었다. 도둑질해온 군인들, 그래도 자랑스럽다고 고참들한테 가져와서는 기세등등하다. 그 많은 닭들이 닭소리도 안 나고 조용하더라나? 그리고 그 밤에 내무반 세숫대에다 가죽만 벗겨내고 끓여서 먹었다. 고참들하고 도둑질한 군인들 하고는 다리와 가슴살 먹고 5분대기조 졸병들은 날개 죽지와 국물 먹고. 물론 소금은 준비했었다. 잘 먹긴 잘 먹었는데 그날 밤도 비상 걸릴까봐 뼈와 살이 타는 시간이었다.

월문 친구가 이 글을 또 보면 도둑질만 한 군대. 분화구는 도둑놈의 군대 출신이라 할 텐데, 정말 전방에서 근무하고 고생한 친구들도 많다. 그 친구들한테는 이런 이야기 하면서도 미안한 생각이 들지만 사실 우리보다도 더 땡땡이친 친구들도 있을 걸? 지금은 군인들이 다 신사라 안 그러겠지. 그럴 수도 없지만. 옛날이야기다. 신성한 국군의 날, 닭서리 이야기를 해서 죄송. 그런데 도둑질 이야기 또 있다, 히히히.

나는 하지 않았다.

다음에…….

추석날 음료수

- 군대 이야기 · 13

내일이면 추석이다. 우리 군대 있을 때, 지금도 그렇겠지만 국군의 날, 명절, 크리스마스 등 그럴 대면 군바리들은 잘 먹고 잘 논다. 75년도 추석날 제대 몇 달 앞둔 아침부터 축구하고 잘 먹었다. 저녁에 막걸리에 좋은 부식에 잘 먹고 잠자리에 들 즈음 음료수 캔이 나왔다. 캔도 머리 숫자만큼은 안 나와서 동기놈들은 서로 뺏어먹으려고 장난을 치다 다른 놈한테 패스를 한다는 것이 자려고 드러누운 내 머리 위로 캔 모서리가 꽂히면서 머리가 찢어졌다. 제대로 맞았는지 피가 줄줄 났다. 급하게 수건으로 틀어막고 의무실로 직행. 6바늘을 꿰매고. 그런데 술을 많이 먹어서 그런지 마취도 안했는데 머리가 땡기지도 않았다. 그리고 이틀 있다가 일요일. 제대 기념사진 찍는다고 서울 근교 조선 이태조 능이 있는 동구릉에서 사진을 찍었다. 머리 꿰매고 찍은 것이 제대 기념사진이다. 그때 11명은 지금도 만나는데, 이 추석에 다른 전우들은 어디서 잘 있는지. 더도 말고 덜도 말고 하늘 뜻대로 항상 건강하고 가족들과 같이 행복한 날이 됐으면…….

* 오늘 군대 이야기의 추석, 추억거리가 있어 딸아이한테 사진 올려달라고 하여 한 컷 올렸습니다. 여러분 한가위 안전운행 하시고 행복하시기 바랍니다.

완전 군장 선착순

- 군대 이야기 · 14

가을이면 군대에서는 체력측정이 있다. 한 번은 대대 병력 400명이 20KG쯤 되는 배낭과 총, 철모 등 완전군장을 하고 10km 구보다. 한마디로 졸나게 뛰어가는 거다. 그런데 출발점에서부터 전 병력 선착순이다. 거기에서 등수별로 해서 중대 점수를 매기는 거다. 나는 꾸준히 뛰어 반쯤 뛰었을 무렵 내가 선두에 나섰다. 내가 1등으로 거리를 멀리 떨어뜨려 놓으니깐 다른 중대에서는 감독관 몰래 오토바이로 실어 나른다. 나쁜 놈들…….

감독관 없는 데서는 뛰게 하고, 그렇게 몇 번. 그래도 내가 계속 1등으로 달려 결국에는 1위로 골인했다. 죽을 각오로 얼마나 힘들었던지. 지금은 그 힘들었던 감은 잊었지만 그 다음 우리 중대 난로 당번 장 아무개 후일에 부대에서 기르던 돼지 몰래 잡아먹은 놈이 2등을 했다. 그래서 우리 중대가 1, 2등을 했다. 대대 완전 군장 선착순 10km. 그리고 포상휴가를 가는 줄 알았더니 다른 고참이 휴가를 갔다. 나쁜 놈들……. 5분대기조에서 졸병 시켜서 닭 잡아먹은 놈들보다 더 나쁜 놈들……

바이크

공감합니다. 그 지겨운 측정 이야기네. 우리도 전차포 사격 10초 내 발사하는 측정을 받았지요. 다시 군대 가다오.

가문에영광

제대 한 달 남겨놓고 터진 판문점 미루나무 사건 때 특명 받아놓고 연대 구보에 참가했던 기억이 납니다. 제주도에 사는 현성종, 동대문에 사는 김창남, 남원에 살던 백용기. 이 녀석들도 같이 뛰다가 군기 빠져 낙오하던 놈들이었는데 어디서 잘들 살아가고 있을까?

왕거미 작전 중 배 훔쳐먹다

- 군대 이야기 · 15

오늘도 도둑질 이야기다. '뭔 놈의 군대가 맨날 도둑질 이야기냐?'고 하겠지만 일 년에 한두 번 한 거다. 군대 이야기를 하다 보니 추억이고, 기억에 남아서. 그러면 잊어버린 사람은? 하겠지만 많이 훔친 게 아니다. 배 한 박스 훔친 얘기다. 나는 안 훔쳤다.

언젠가 하면 그때도 졸병 때일 것이다. 그때는 대간첩작전으로 일병 왕거미작전이 있었다. 벼 다 베고 초겨울에 며칠간을 보초를 번갈아 교대로 서면서 간첩이 올만한 곳을 논두렁이고 밭두렁이고 지키는 거다. 물론 간첩은 아군, 가짜 간첩이 한다.

하루는 밤을 꼬박 새우고 새벽 3~4시쯤 됐을까? 중고참 한 명이 남의 배 저장해놓은 곳에서 배 한 박스를 훔쳐 온 것이다. 우리 부대는 온통 배 밭이다. 일명 먹골배가 유명한 퇴계원 근처에 있었다. 배 밭 가운데 진지가 있을 정도로 배밭이 컸다. 새벽이 되니 배도 고프고 해서, 고참이 훔쳐온 배를 하나씩 나누어주는데 먹어보니 그야말로 꿀맛이다. 잘 먹었다. 맛있게. 그런데 조금 있더니 춥기 시작하고, 온몸이 덜덜 떨리는 것이 너무 추워 감당하기 어려웠다.

그 서리가 내리던 추운 날에 새벽에 차가운 배를 먹었으니 안 추울 리가. 그야말로 훔친 배 얻어먹고 그날 새벽 추워서 덜덜덜 떨고 혼났다.

곰지

도둑질? 나만큼 해본 놈은 없을 것 같네. 2공병여단 여단본부는 공사 작전과 매일 하는 일이 3년 내내 도둑질하는 일이었으니. 이제 생각하니 호랑이 담배 피던 시절 이야기 아닌가.

아들놈 휴가와 우리 때의 휴가

- 군대 이야기 · 16

요즘 아들놈이 9박 10일, 2번째 휴가를 왔다가 오늘 들어갔다. 지금 군대는 자기 휴가도 마음대로 조정하는가 보다. 추석 전에 와서 집에서 추석을 보내고, 아버지 생일도 먹고, 지 양력 생일 찾아 먹고, 오늘 점심까지 먹고 갔다. 지 엄마가 특별 메뉴로 알탕까지 사 먹이고. 이렇게 저렇게 휴가를 4번 다녀갔지만 나오기만 하면 친구, 선배, 후배 만나느라고 정신이 없다. 매일 술 먹고 지 엄마는 밤새 걱정이다. 술 먹고 다른 데 쓰러지지나 않았는지, 잘못 되지나 않았는지. 아침에야 겨우 들어오면 몇 시간 자고 나 '누가 오늘은 저녁 산다. 술 산다.' 그러면서 또 나간다.

누가 만나자고 한다고 하고 저녁때면 불나방처럼 여지없이 나간다. 딸아이가 그놈 돈 주지 말란다. 돈도 많이 못 주는데 술 먹으면 전화도 없으니 아예 지갑을 뺏으란다. 딸아이가 얼마나 열 받았으면 어제 오후 내가 아들놈한테 "야 이젠 너 휴가 때 되면 우리가 그곳으로 갈게. 집 하나 얻어가지고 그곳에서 휴가 보내야지. 니 엄마 걱정 끼쳐서 되겠냐?"했더니 씩 웃는다. 저도 미안한 모양이지?

우리 친구들 군대 생활할 때 마찬가지일 테지만 휴가를 내 마음대로 맞추어가는 군대가 어디 있어. 휴가고 외출 외박이고…… 고참 순위…… 가라면 가고 오라면 오고 요즘 군대 너무한 것 같다. 너무하다 못해 한심한 것 같다. 상병 제대가 없단다. 사실인지 모르지만 다 병장 달아준단다. 옛날에는 진급하려면 여러 가지 진급 측정을 했는데 요즘은 안 해도 되겠지? 그러니 군대 한마디로 개판이다. 정말…….

우리 부대에서 있었던 일이다. 내가 일병 때인데 우리 중대 고참 상병 한 명이 정기 휴가를 갔다. 김 상병 마음씨도 좋고, 키도 그리 크지 않은 아저씨 같은. 그때는 25일간 줬다. 그때 군대 생활은 3년이었다. 김 상병의 집은 경상도 어느 산골이었나 보다. 집에는 농사 조금 짓고, 동생들은 많고, 부모님은 늙으시고……. 휴가를 가긴 갔는데 집안 사정이 좋지 않으니 자기가 휴가 동안에 엿 장사를 했나보다. 지금 생각해도 기가 막힐 노릇이다. 그리고 얼마나 착하고 효자고 내가 생각하면 꿈도 못 꿀. 그 고참 상병 휴가 기간에 엿장수 한다는 소문이 온 동네에 퍼지고 소문에 소문을 타고 높은 군부대까지 들어간 모양이다. 나중에는 육군 본부에서 좋은 일이건 나쁜 일이건 장병들이 알아야 할 사항을 전달하는 회람까지 나왔었다.

그 글을 읽고 감동 먹었던 나다. 그 전에도 그랬지만나도 휴가 와서는 집에서 돈도 별로 안 썼다. 그때 돈 엄마가 하루에 500원씩 쓰라고 주면 몇 번은 썼어도 안 썼다. 출장을 가끔 나왔다 가서 그런 것도 있겠지만, 출장 나올 때는 군대 출장비로 쓰고…….

그런데 아들놈 충족하지는 못했겠지만 아직 돈을 모르는 것 같다. 부대 들어가기 전 내가 요즘 사회에는 사는 게 전쟁이다. 제대도 얼마 안 남았으니 복학도 해야 하고, 학교 생활도 점검하면서 깔끔하게 제대 준비를 하라고 이야기했는데 잘 알아들었는지 모르겠다. 매사에 걱정이니. 옛말에 무자식이 상팔자라더니 그 말이 맞긴 맞나 보다. 그것도 다 내 팔자지 뭐.

산호수

딸만 있는 자는 다른 것은 안 부러운데 군복 입은 아들들 보면 조금 부러운데 그런 아들을 둔 아버지의 행복한 투정으로 보인답니다.

허수아비

한 번쯤은 이야기해줄 필요가 있는 것 같네요. 요즘 애들은 세상 물정을 몰라도 너무 몰라요. 부모가 알아서 해주니깐 하는 생각밖에 없어요. 시간 있을 때 공부하고 취미 생활을 하라고 이야기를 해도 흘려버리고 마네요. 사회가 얼마나 힘든가를 아들한테 이야기해주세요. 같이 한 잔하면서.

어느 할아버지의 군대 이야기

- 군대 이야기 · 17

요즘 내가 근무하는 현장에는 저녁 늦게 운동 삼아서 산책하시다가 쉬어가시는 할머니 할아버지가 계시다. 그분들은 남남인데 두 분이서 꼭 같이 다니신다. 물론 두 분 배우자가 돌아가시고 홀로 몸이시란다. 같은 아파트 단지에 살면서 같은 산악회 회원이란다. 벌써 한 달 가까이 다니셨는데 이런저런 이야기를 하다가 요즘엔 그 할아버지의 군대 이야기로 시간 가는 줄 모른다. 할머니는 군대 이야기만 나오면 벌써부터 하품을 하신다. 그리고 그만 집에 가자고 조르고……. ㅎ

그 할아버지 6.25이후의 군대생활에 축구 이야기는 없는데 군대 가서 매는 실컷 맞으셨단다. 그래도 그 이야기가 신이 나는지 할머니가 졸든 말든 집에 갈 생각도 안하고 게거품을 품으면서 혼자 웃어가면서 열심히 하신다. 나도 재미있게 듣고.

내가 용마루 친구들한테 들려주는 군대 이야기. 그런데 나는 매일 저녁 그 할아버지가 들려주는 군대 이야기를 재미있게 듣는다. 그 할아버지 오늘 저녁은 무슨 이야깃거리를 가지고 오실까.

태공

군 생활 해본 사람은 군 얘기 나오면 무슨 얘기가 그리도 많이 나오는지 삼 년의 생활이 평생 우려먹는다. 군에 안 가본 사람은 모를거여.

키우던 돼지를 잡아먹다

- 군대 이야기 · 18

오랜만에 군대 이야기를 또 해본다. 우리 부대에서는 돼지를 키웠다. 식당에서 나오는 짬밥으로 부대 막사 멀리서 키웠는데, 흰 수돼지였다. 그곳 옆에는 초소도 있었는데 어쩌다 가끔 돼지 보러 가면 그 큰 돼지 거시기에 검은 연탄재가 묻어있었다. 분명 돼지가 발라놓은 것은 아닐 테고 왜 하필 그곳 거시기만 시커먼가. 알고 보니 우리 중대 페치카 당번이 재 버리러 가면서 탄 묻은 검은 장갑으로 돼지 거시기를 문질러놓고 간 것이었다. 장난인가, 아니면 너는 내꺼야 하고 표시한 건가.

하루는 사무실에서 야근을 하고 막사로 들어가는데 방공호에서 모락모락 연기가 나는 것 아닌가. 그래서 뭐가 타나 들어가 봤더니 그 동기놈이 돼지를 끓이는 게 아닌가. 그래서 내가 "인마 뭐하는 거야."하고 그랬더니 "너는 아무 소리 말고 고추장만 사."라고 한다. 고추장만 사주면 매일 저녁 돼지고기를 먹여준단다. 그래서 좋다고 했다. 내가 피복계니 전방에서 통일화를 가지러 오면 한 켤레씩 얻어놨다가 그 동기 놈을 주었다. 그러면 동기 놈이 통일화를 민간인한테 팔아서 고추장 사와서 매일 저녁, 하루는 앞발, 하루는 갈비 하면서 계속 먹었는데……, 알고 보니 우리가 키운 그 돼지였다.

물론 돼지 없어졌다고 대대 인사계가 난리가 났었다. 보초 서는 놈들이 돼지 어디로 도망간 것도 몰랐다고. 도망가긴 잡혀갔는데.

훈련소에서의 김치

- 군대 이야기 · 19

요즘 김장철이다. 김치 생각이 나서 이야기인데, 내가 38사단 훈련병 때 하루는 취사장 사역을 나갔었다. 김치를 퍼 나르는 일을 시켰다. 그곳은 김치광이 넓고 깊어서 사다리를 타고 3~4명이 내려가서 삽으로 퍼 올렸다.

장화를 신고 내려가서 한참 작업을 하다 쉬는 시간이면 장화 신은채로 화장실에 소변보러 갔다가 그 길로 다시 김치 푸러 사다리 타고 내려간다. 질퍽한 화장실에 갔다가. ㅋㅋ

같이 일한 놈들만 안다. 그 김치 그래도 안 줘서 못 먹었지 굉장히 맛있었다. 옛날이야기다. 지금은 안 그렇겠지?

바이크

에구, 분화구님 반갑습니다. 나는 원주 38사단 전차중대에 75년 ~ 76년까지 근무했는데 반갑네요. 원주 단구동 다리 건너면 부대가 시작되지요.

푸른솔

에효 정말 말 안되는 일이 많지요. 붉은수수밭이라는 영화에서도 똑같은 장면이 있지요. 처음 해병 소위로 임관하여 소대장 할 때의 일입니다. 전령에게 물 가져오라면 늘 떠온 물에 거품이 있었는데 그저 무심코 몇 달 먹었습니다. 그 전령이 전역하는 날 내게 하는 말이 "소대장님 매일 물 떠올 때 침 뱉어서 가져왔어요." 하더이다. 내가 그렇게 미웠는지. 하여간 사람이란 안 보는데서 무슨 짓을 하는지 모르면서 살아갑니다.

3일 밤 꼬박 새운 날

- 군대 이야기 · 20

내가 제일 독한 놈? 내가 제대할 무렵, 고참 때 이야기다. 한번은 사령부, 말하자면 회사의 본사에서 전투 10단계 계획을 수립 보고해야 하는 명령이 떨어졌다. 갑자기 떨어진 상황이라 며칠 밤을 꼬박 새야한다. 아침부터 저녁까지, 그리고도 밤을 꼬박 새우고도 시간이 없다. 군대는 명령이다. 하라면 무슨 일이 있어도 해야 한다. 밥 먹으러 갈 시간이 없을 정도로 시간이 촉박했다. 이틀 밤을 꼬박 새우고 3일째 되던 밤, 밤낮으로 2일을 일을 하니 감당할 놈이 있나.

암만 군대라도 졸병들이 새벽 3시쯤 되니깐 다 잔다. 그래서 너희들 왜 자냐고 했더니 타자기가 고장났단다. 타자기가 여러 대 있었는데 하나같이 다 고장이 나있었다. 그때는 직접 그리고 타자를 치고 해서 보고서를 작성할 때였다. 고쳐서 일을 시키려고 그 고장 난 걸 새벽에 고치는데 우리 출납관 대위가 순찰을 돌다가 봤다. 왜 다들 일 안하고 자냐고 해서 타자기가 고장 나서 잔다 했더니 "너는 왜 안 자냐?"고 한다. "타자기 고치려고 합니다."그랬더니 "이놈이 제일 독한 놈이네."란다.

아닌데? 시키면 시키는 대로 했을 뿐인데. 그리고 최고 고참이니깐 책임감이 있어서.

나중에 알고 보니깐 이놈들이 졸립고 힘들고 하니깐 일부러 타자기를 고장 내놓은 것을 모르고 고치려고 했으니. 지금도 지난 군대 이야기는 항상 기억해도 즐겁다.

그때 그래서 3일 밤낮으로 꼬박 새어봤다. 귀에서는 모기 소리같이 윙윙 소리가 나고. 어디든 눕고 싶고 정말 힘들었다. 지금은 세상을 다 준대도 못하지.

그래도 돈 따기 노름 하는 사람은 밤을 샐까? 글쎄.

앵두

그런 고초를 경험했기에 지금 서 있는 자리도 탓하지 않고 행복해하지 않습니까. 젊어 고생, 사서 한다는 옛말 실감케 하는 장면입니다.

푸른솔

고생했다는 이야기네요! 지금도 어느 곳이던지 그런 고생하는 사람들이 있겠죠. 경험은 다른 경험을 이해하는데 도움이 됩니다. 잘 읽었습니다.

목공 이발사

- 군대 이야기 · 21

군대에서는 일주일에 한 번씩 토요일이면 잠자리 정돈이 잘 됐나, 깨끗하게 하고 있나, 애로사항은 없나를 알아보기 위해 내무사열을 했다. 대대장 아니면 참모가 한다. 그런데 갑자기 사령부에서 검열이 나온다고 하면 난리가 아니다. 온 부대가 정신이 없다.

난 생전 처음 보았다. 무슨 이야기이냐 하면 면도를 해야 하는데 면도기가 없으니깐 병을 깨뜨려 날카로운 유리면으로 면도를 한다. 다리미가 없으니깐 양쪽에서 옷을 당기고 숟가락으로 왔다 갔다 하니깐 열이 받아서 그 열로 다리미질 하는 걸. 머리는 좋아 군대 간 사람들. 그래서 남자는 군대를 가야 되나 보다.

그런데 머리는 어떻게 깎아. 옛날에 우리가 깎던 손으로 작동하여 깎는 기계, 바리깡으로 깎을 수밖에. 머리 깎는 게 그렇게 쉬운 일이 아니다. 내일 아침에는 내무 사열이고, 밤은 다가오고, 이발소가 아니니 빨리 깎을 수는 없고. 이놈 저놈이 번갈아 깎는데, 기억에 남는 건 우리 친구 놈 중에 목공이 한 놈 있다. 목공은 대패질이나 잘하지. 머리도 대패질만큼 잘하나? 그놈이 해질 무렵 고참 머리 깎기를 시작했는데 날은 어두워지고 빨리는 안 끝나고. 앉아서 이때나 저때나 기다리고 있던 고참이 성질이 나서 "야 이 새끼야 고만 깎어."하더니 자기 머리를 거울에 본거라. 보니깐 기가 막힌 거지. 쥐가 파먹은 것처럼. 내일이 검열인데.

그놈 기껏 힘들게 고참 머리 깎아주고 욕 먹고, 매 맞고. 웃기는 군대. 그 매 맞은 놈 지금도 만납니다. 그놈뿐만 아니라 11놈 12월 10일 또 만난다. 제대하고 30년 동안.

푸른솔

경험해보지 못한 일이라 듣기만 했는데 다시 읽으니 실감 나네요. 재밌고 바지 줄 세우는 경험은 나도 했수. 후보생 때 바지 줄을 세우라며 가르쳐주는 방법이 침대 매트 밑에 바지를 깔고 자라고 해서 그렇게 해보니 아침에 바지 줄이 섭디다. 훈련을 마침과 함께 다시 써보지는 않았지만.

여정

분화구님 군대 에피소드가 많군요. 그 옛날에 군대 얘기랑 지금은 다른 점이 많겠죠? 저희 여자들은 경험이 없어 모르지만 재미있게 글 올려주시니 감사합니다. 아직도 군대 우정이 변치 않고 만나신다니 부럽네요. 글 잘 보고 갑니다.

휴가 말년, 제대 말년

- 군대 이야기 · 22

내가 군대 온 지가 34개월 1주일째다. 73년도 2월 2일 입대했으니 제대가 75년도 12월 9일, 그러니깐 딱 34개월 1주일 근무하는 거다. 그 기나긴 3년. 이제 제대로 며칠 안 남았다. 처음 전입와 중대에 떨어졌을 때 제대 장병이 '너 75년도가 돌아오냐?' 고 한 게 엊그제 같은데 벌써 돌아왔으니. 봄, 여름, 가을, 겨울이 세 번이나 가고 오고 그저 시간이 약인 것을.

12월 9일 날은 예비 사단에서 하룻밤을 잤으니 실제 제대한 날은 12월 8일이다. 오늘쯤이면 지급 받았던 피복은 다 반납하고 빈둥빈둥 밥이나 먹고, 책이나 보고 놀 수밖에. 그래도 조금이나마 군대 월급으로 저금한 돈 찾아서 중대 본부 아이들 데리고 나가, 돼지 찌개에 저녁까지 사주고 얌전하게 있을 수밖에.

군대 말로 말년에 조심하라는 말이 있다. 우리 중대원 중 한 명은 일병 작대기 두 개 때 내일이 휴가 날이면 오늘 기름 하차 작업을 나가서 "내일 내가 휴가 가니깐 내가 화끈하게 일하고 가지."하고 일, 화차에서 휘발유 꽉 찬 드럼 하역 작업을 하다

드럼이 정강이에 떨어져 다리가 부러져 휴가도 못 가고 그 길로 병원으로 실려 간 일이 있다.

또 한 번은 우리 고참인데 만약에 다음 주에 제대라면 제대 1주일 앞두고 된장 팔아먹다가 걸려서 제대도 못하고 영창 간 일도 있다. 그 고참 말뚝 상병 작대기 3개가 영창 간만큼 군대 생활 더하고. 그래서 옛 말이 틀린 데가 하나도 없다. 말년에 조심하라고 다 왔다고 방심하면 큰 일이다. 우리 인생도 그런가 보다.

이장

나두 군대생활 34개월 15일 했는데 3년 동안 이런 즐거운 일로 지냈어야 했는데 주한미군들과 어울려 용산과 오산만 들락거리다가 3년이란 세월을 허비했네 그려. 분화구님 군대 얘기 참 재미있네. 이런 얘기 듣노라면 난 무슨 얘길 할까?

가문에영광

잠깐! 우리 세대는 주면 주는 대로 때리면 때리는 대로 까라면 까는 생활을 3년을 했지만 요즘 군대 얼만큼 아세요? 상상을 초월합니다. 자식 군대 보낸 친구님 있으시면 걱정 뚝! 벌써 30년 전 얘기를 엊그제 일처럼 기억하시고 이렇게 글 올려주시는 분화구 친구님! 그 기억력에, 유머에, 우정을 존경합니다! 우리들에게 옛 기억을 더듬게 해주신 것두요.

제대하는 날 · 1

- 군대 이야기 · 23

12월 8일. 31년 전 오늘은 그렇게나 기다리고 기다리던 제대 날이다. 새벽에 일어나 샤워장에서 그동안의 군대 냄새를 말끔히 닦고. 예비군복을 만져보고 입어보고. 3년 동안 정들었던 부대를 떠나려니 섭섭하기도 하고. 기분 좋기도 하다. 처음 가서는 매 맞고 힘들고 막막하기도 했었는데. 졸병들 하나둘 들어오는 재미로 어느새 3년. 그래도 재미있던 일이 많았지. 맨 민간인 민폐 끼치고. 출장 다니면서 출장 온 놈들끼리 작당 모의해서 결산서를 미리 한 군데 틀리게 해놓고 틀렸다고 다시 오라고 하면 1주일씩 또 나가고. 우리 선임하사 박경진 중사님은 자기 아이들 백일 돌이면 보급과 사무실 사병들 집에 데리고 나가 식사대접하고. 우리 사수 선임 최경호 상병은 샌프란시스코에 가서도 군대생활 열심히 하라고 격려 편지까지 써서 보내주시고. 그야말로 군대 이야기 한이 없지.

신임 새까만 졸병들은 내가 처음 들어올 때처럼 얼마나 부러워하는지.

마지막 아침밥을 먹고 9시쯤 대대 사병들이 연병장에 모두 모였다. 그 가운데 우리들은 한 8명쯤 됐나? 사열대 위에서 각자 제대 소감을, 내지는 남은 졸병들에게 격려의 이야기를 한마디씩 했다. 그리고는 지프차에 나누어 타고 정문을 향해 사회로 진출하는 우리들을 사열대에서부터 정문까지 두 줄로 서서 박수로 축하해준다. '트윈 포리오'의 날이 밝으면 멀리 떠날 사랑하는 님과 함께 하는 '석별의 정'의 노래 소를 들으며 막 정문을 나서려는데 우리가 타고 있는 차를 향해 어느 아주머니가 악이 받친 소리로 난리가 났다.

"어디가, 어쩌구 저쩌구." 나는 자세히 못 들었으니…….

다음 이야기는 내일…….

제대하는 날 · 2

- 군대 이야기 · 24

어제에 이어서.

그래서 같이 지프차를 탄 놈들한테 왜 그러느냐고 했더니, 술집 아줌마인데 외상값 갚고 나가라고 그러는 거란다. 그 아줌마 우리들이 그냥 집에 가는 줄 알고. 어떤 놈이 외상 술 먹었냐고 했더니 이빨, 군대서 술 먹다가 고참 하고 싸워서 이빨이 부러져서 별명이 된 이빨이란다. 얼마냐고 했더니 한 5,700원 정도라 그랬나? 기억은 잊었지만 그 정도 됐다. 그 이빨이라는 친구는 훈련소에서 첫날 인원 파악 후 내가 마지막으로 늦게 갔더니 바로 옆자리 숟가락 준 놈이다. 군번이 나보다 하나 빠르다는 그놈 말이다.

그 아줌마 우리가 제대한다는 걸 알고 그 시간에 정문에서 기다리고 있었던 거다. 정문에서 나와 퇴계원역 앞에서 내려 다시 부대로 들어갔다. 제대비 타러. 제대비가 2,700원 정도 됐나? 그 친구는 아줌마한테 외상값 갚고 '가마'하고 부대에 들어가서 제대비를 탔는데 외상값이 모자라는 거다. 그 친구 나한테 외상값 갚게 돈 좀 빌려달라고 하는 거다. 그래서 할 수 없지 빌려줬다. 제대비 모두 다. 갈 차비만 빼고. 아마 내 주머니에도 제대비 말고 조금 있었을 걸? 그래서 그놈 제대하는 날 제대비 두 놈 거 털어 외상값 갚고 제대했다. 제대비 털어 빌려준 지 31년이 되었다. 같이 수원 사는데 지금까지도 만난다.

내일은 군대 동기들 인천에서 부부 동반 망년회. 두 달에 한 번 만나면서 가끔 만날 때마다 우스갯소리로 제대비 이자 쳐서 달라고 하면 씩 웃는다. 내가 받으려고 줬나? 깨끗이 제대하라고 줬지. 이래서 군대 동기가 좋다. 만나면 맨날 웃을 일만 있으니 내일은 얼마나 또 웃을까. 마누라들도 덩달아 좋다.

군대이야기 끝

- 군대 이야기 · 25

요즘 분화구가 군대 이야기를 왜 안 쓰나 하고 궁금해 할 것 같아 몇 자 올린다.

훈련소에서 제대할 때까지 3년을, 밤낮으로. 이야깃거리가 많다. 특히 역사는 밤에 이루어진다고 어두워지는 밤부터 새벽까지 무진장 많다. 거의 기합 받고, 얻어터지고, 훈련하고, 훔치고. 25편 가지고는 게임도 안 된다. 거의 비슷한 이야기라 특별히 기억에 남는 거 몇 가지를 올렸었다. 군대 동기들하고 있으면 이야기가 술술 나오는데, 노래방에서 노래 곡 못 찾는 것 같이 쓰려고 하면 머릿속에서 뱅뱅 돈다.

남자들은 그저 군대 갔다 온 이야기를 하면 죽는 그 순간까지도 신이 나서 한마디 더 하려고 할 거다. 우리 친구 놈들 죽는 순간에도 군대 이야기하면 웃으면서 벌떡 일어나 한마디 하고 죽을 놈들이다. 이렇게 재미나는 이야기를 나만 다 쓰면 다른 친구들 쓸 기회도 없을 것 같고. 내 이야기보다 더 재미있던 이야기를 듣고 싶기도 하다.

용마루 다른 친구의 군대 이야기는 어땠는지 한 번 써주시길 요청한다. 우리 군대 동기들 모임 때마다 마누라들도 같이 모이는데, 하도 들어 그 이야기가 그 이야기 같다고 해서 그러면 우리 카페에 내가 쓴 글을 복사해서 한 부씩 주겠노라 했더니 좋아하는 기색이다. 2월 모임에는 그 마누라들 또 한 번 웃겠네.

그동안 변변치 못한 글 읽어주신 여러 용마루 친구들께 고마움을 드리며 여러분의 아들이나 조카나 군대 생활을 하고 있다면 몸과 마음이 건강하고 깨끗한 전역이 되길 빌며 사회에서나 가정에서나 현 위치에서 충실한 사람이 되시길 빌겠습니다.

허수아비

친구야 옛날에 같이 군대 생활하던 친구를 30년이 지나서 만나니 벌써 저세상으로 간 친구들도 있더구만. 그때의 기분 인생무상. 요즈음은 분기에 한 번씩 만나 날밤을 새지만 군대 친구는 영원히 잊을 수가 없네.

이종식 수필집

분화구 스토리

초판발행일 2022년 3월 31일

지은이 : 이종식

펴낸이 : 김순진

편집장 : 전하라

디자인 : 김초롱

펴낸 곳 : 도서출판 문학공원

주　소 : 서울 은평구 통일로 633 녹번오피스텔 501호

전　화 : 02-2234-1666

팩　스 : 02-2236-1666

홈페이지 : www.munhakpark.com

이메일 : 4615562@hanmail.net

※ 책값은 뒤표지에 있습니다.